Aventures
dans la France
gourmande

PETER MAYLE

Aventures
dans la France
gourmande

avec ma fourchette, mon couteau
et mon tire-bouchon

Traduit de l'anglais par Jean Rosenthal

NiL
éditions

Titre original : *French Lessons*
© by Escargot Productions Ltd., 2001
Dessins © Alfred A. Knopf
Édition originale : Alfred A. Knopf, Inc., New York
ISBN 0-375-40590-9

Traduction française © NiL éditions, Paris, 2002
ISBN 2-84111-251-9

À Jennie

Hors-d'œuvre

Pour préparer ce livre, il m'a fallu une véritable éducation : j'en suis redevable à un grand nombre de personnes. Même si je ne suis pas en mesure de les remercier comme elles le mériteraient, j'aimerais exprimer ma gratitude aux âmes charitables qui ont écouté patiemment mes questions, qui ne m'ont ménagé ni leur temps ni leur savoir et qui m'ont toujours réservé un accueil chaleureux.

Et particulièrement Yves Rousset-Rouard, qui m'a pris sous son aile lors de la messe de la Truffe à Richerenches ; Marcel Loisant, le roi de la grenouille, de Vittel ; les Lauzanne, qui m'ont vraiment fait découvrir la Normandie ; les Beuttler, dont l'amitié m'a guidé dans Saint-Tropez ; Sylvie Cazes-Régimbeau à Pichon-Longueville ; Jean-Louis Laville et René Jacqueson en Bourgogne ; Régis et Sadler, deux fidèles compagnons à l'appétit sans égal ; sans oublier Alain Arnaud, qui veille sur les secrets du Michelin. À eux tous, un très grand merci.

Je tiens à remercier aussi Allie Collins et Robin Massee qui ont fait de leur mieux pour que je sois là où il fallait quand il le fallait.

Je ne prétends pas avoir fait plus qu'effleurer le vaste domaine de la gastronomie française. Mais

cette exploration superficielle n'a cessé d'être pas-
sionnante, enrichissante et fascinante, même si le
temps m'a manqué pour connaître la foire aux
dindes, le festival du chou ou l'hommage au hareng.
Ce sera pour une autre fois.

P.M.
Janvier 2001

À la découverte des Français

J'ai passé mes premières années dans le désert gastronomique de l'Angleterre d'après-guerre où les plaisirs de la table faisaient cruellement défaut. Jeune, j'avais comme tout le monde des papilles gustatives, mais elles demeuraient inactives. La nourriture jouait un rôle de carburant qui souvent n'avait rien de ragoûtant. Je garde le pénible souvenir d'une cuisine de pensionnat aux couleurs soigneusement coordonnées : viande grise, patates grises, légumes gris, saveur grise. À l'époque, je n'avais rien à redire à ce camaïeu.

Une agréable surprise m'attendait. À dix-neuf ans, je commençais un stage à l'échelon le plus bas dans une gigantesque multinationale, quand on me chargea d'accompagner à Paris mon premier patron, M. Jenkins. Pour un modeste assistant, ce serait un bon moyen, m'expliqua-t-on, de m'initier à la pratique des affaires, une chance inespérée à l'âge tendre qui était le mien.

Jenkins était anglais et fier de l'être, anglais à un point caricatural. Lorsqu'il se rendait à l'étranger, il affichait sa nationalité et se prémunissait contre les caprices des éléments en s'armant d'un chapeau melon et d'un parapluie strictement roulé. Je jouais alors pour lui le rôle de porte-coton, ma mission était capitale : je devais veiller sur sa serviette.

Avant de faire le grand saut dans l'inconnu de l'autre côté de la Manche, Jenkins avait eu la bonté de me prodiguer quelques conseils sur la façon de s'y prendre avec les indigènes. La première de ses recommandations était d'une parfaite clarté : « N'utilisez jamais leur jargon. Parlez anglais avec assez de conviction, et ils finiront par vous comprendre. Dans le doute, criez. » Une technique simple qui, selon Jenkins, avait fait ses preuves au long des siècles dans tous les bastions de l'Empire britannique. Il ne voyait aucune raison d'en changer maintenant.

Comme beaucoup d'hommes de sa génération, Jenkins tenait les Français en piètre estime — de drôles d'individus pas même capables de comprendre les règles du cricket. Il devait pourtant convenir qu'ils savaient se débrouiller aux fourneaux. Alors que nous étions à Paris, il poussa l'audace jusqu'à accepter l'invitation à déjeuner de deux de ses collègues parisiens ; ou plutôt, pour reprendre ses termes, à aller « casser la graine ». Ce fut le premier repas mémorable de mon existence.

On nous emmena chez *Marius et Janette*, avenue George-V, une adresse tout à fait adaptée à des Anglais. À peine assis, j'eus la certitude d'être dans un établissement sérieux. On y respirait des arômes à part, exotiques et alléchants. L'odeur de l'iode quand on passait devant l'étal d'huîtres sur leur lit de glace pilée, la senteur généreuse du beurre mijotant dans une poêle et, flottant dans l'air chaque fois que s'entrebâillait la porte de la cuisine, les relents envahissants — et, pour des narines inexpérimentées comme les miennes, extrêmement peu familiers — de l'ail.

Jenkins abandonna chapeau et parapluie avant de s'asseoir ; je contemplai ébahi la forêt cristalline des verres, l'arsenal de couteaux et de fourchettes alignés devant moi. Mais choisir le couvert approprié était un problème mineur comparé au décryptage du menu. Qu'était-ce donc qu'un *bar grillé* ? Qu'un *loup à l'écaille* ? Et, au nom du ciel, que signifiait *aïoli* ? Je n'avais à ma disposition que mon français limité de collégien et, comme je n'avais pas été un élève particulièrement brillant, j'étais perdu dans un magma d'énigmes déconcertantes.

Jenkins vint bien involontairement à mon secours. « Pour ma part, déclara-t-il, je ne mange jamais un

plat dont je suis incapable de prononcer le nom. »
D'un geste sec, il referma la carte. « Pour moi, ce
sera un poisson avec des frites. Ils le font très bien
en France, presque aussi bien que chez nous. »

Soulagé, j'annonçai que je prendrais la même
chose. Nos deux collègues français haussèrent
quatre sourcils surpris. Pas d'huîtres pour commencer ? Pas de *soupe de poisson* ? Jenkins resta
inflexible. Il ne supportait pas la consistance des
huîtres — « ces petites saletés glissantes » — et il
n'aimait pas la façon dont la soupe se collait à sa
moustache. Du poisson avec des frites, ce serait parfait, merci.

Je savourais déjà ma première révélation : le pain
français. Il était léger, croustillant, un peu ferme
sous la dent, et j'étalai dessus un peu de ce beurre
pâle, presque blanc, dont un morceau s'offrait sur
une soucoupe posée devant moi. Le beurre anglais
en ce temps-là était très salé, d'un jaune agressif, et
servi en petites rondelles maigrelettes. Dès la première bouchée, mes papilles, jusqu'alors assoupies,
se réveillèrent dans un spasme.

On présenta en grande pompe le poisson, une
majestueuse créature, un loup de mer, à ce qu'il me
sembla, dont on détacha en quelques secondes les
filets avec une cuiller et une fourchette, pour les dis-
poser avec soin sur mon assiette. Je n'avais jusque-là
connu en guise de poisson que la morue et le carre-
let, dissimulés à l'anglaise sous une épaisse couche
de pâte. Ce loup de mer, au contraire, était beau,

blanc et embaumait ce que je sais aujourd'hui être du fenouil. J'en demeurai pantois.

Les frites, servies sur un plat à part en une pyramide croustillante et dorée, étaient fuselées comme des crayons, craquantes sous la dent mais tendres à mastiquer, l'accompagnement parfait pour la chair délicate du poisson. Heureusement que l'on n'attendait pas de moi une contribution aux propos de mes supérieurs et aînés : j'étais trop occupé à découvrir ce que le mot « cuisine » voulait dire.

Puis vint le fromage. Ou plutôt une douzaine de fromages, ce qui ne fit qu'ajouter à ma confusion après des années coincé entre cheddar et gorgonzola. Je crus reconnaître une forme vaguement familière et, peu aventureux, je la désignai. Le serveur insista pour me faire goûter deux autres fromages afin que j'en compare les délices et la consistance, du dur au crémeux en passant par le tendre. Encore un peu de ce pain sublime. Et de nouvelles réjouissances pour mes papilles qui rattrapaient le temps perdu.

La *tarte aux pommes*. Enfin, j'étais en pays de connaissance. « Excellent, dit Jenkins. De la tarte. Je me demande s'ils ont de la crème. » Contrairement aux tartes de mon enfance dont la croûte épaisse recouvrait les fruits, celle qu'on me servit avait laissé tomber le haut pour exposer ses charmes : des hosties de pomme, disposées en couches qui se chevauchaient, étincelantes sous le glaçage.

Trop jeune pour me voir offrir un cigare et un

verre de cognac, je restai là dans une stupeur post-prandiale, laissant mes compagnons fumer d'un air songeur. Pour tout dire, j'envisageais avec réserve le retour au bureau. Un peu éméché après les deux verres de vin généreusement autorisés, la surveillance de la précieuse serviette de Jenkins m'était complètement sortie de la tête. Quand nous quittâmes le restaurant, je l'oubliai sous la table : Jenkins en conclut que je n'avais pas l'étoffe d'un cadre et la fin de ma carrière dans l'entreprise s'amorça. Qu'importe, ce déjeuner avait marqué un grand tournant de ma vie, la perte de ma virginité gastronomique. Ainsi naquit chez moi la fascination durable inspirée par les Français et leur amour de la table.

C'est assurément un très vieux cliché, mais comme toujours celui-là n'est pas sans fondement : historiquement, les Français dans leur ensemble ont toujours accordé une attention extraordinaire — d'aucuns diraient excessive — à leur alimentation. Ils consacrent plus d'argent que quiconque aux plaisirs de la bouche.

Il faut rendre son dû à la nature. Si l'on devait énumérer les conditions idéales pour l'agriculture, l'élevage et le gibier, les fruits de mer et le vin, on constaterait que la plupart se trouvent réunies dans une région ou une autre de la France. Une terre fertile, une grande diversité de climats, des lieux de pêche répartis entre la Manche, l'Atlantique et la Méditerranée — tous les avantages naturels existent ici, à l'exception d'un climat tropical. (Mais la France a la chance d'avoir la Guadeloupe et la Martinique pour lui fournir du rhum et des noix de coco.) Il ne faut donc pas s'étonner que, vivant dans une telle abondance, le Français sache en profiter.

Le deuxième atout gastronomique de ce pays est son armée de chefs remarquables. Les Français devraient en rendre grâces à l'une des périodes les plus sinistres de leur histoire. Avant la Révolution, la multitude n'avait pas accès aux sommets de la grande cuisine. Les chefs les plus talentueux transpiraient sur les fourneaux de leurs maîtres, dans les hôtels particuliers et les châteaux. Puis, en 1789, la noblesse monta à l'échafaud. L'aristocratie disparut presque totalement et avec elle ses cuisines. Menacés de ne plus avoir personne pour qui cuisiner ni nulle part où exercer leur art, nombre de chefs au chômage adoptèrent une solution aussi raisonnable que démocratique : ils ouvrirent des restaurants et se mirent aux pianos pour leurs concitoyens. Le commun des mortels put ainsi goûter aux mets royaux. *Liberté, égalité, gastronomie.*

Quelque deux cents ans plus tard, même si les pessimistes prétendent le contraire, le commun des mortels ne s'en tire pas trop mal. Certes, on attaque de toutes parts les traditions. Plus de 50 % des produits alimentaires sont achetés dans les supermarchés au détriment des petits magasins spécialisés (une statistique récusée par ces fidèles Parisiens qui tous les jours font la queue devant la boulangerie Poilâne, rue du Cherche-Midi). De plus, la télévision « grignote » les heures de repas : on lui sacrifie trop souvent un vrai dîner. Quant au *fast-food*, ses ravages s'étendent insidieusement, des Big Macs sur les Champs-Élysées aux pizzas dans tous les marchés. Bref, l'avenir de la cuisine française — ces heures passées dans les magasins et devant les fourneaux, puis ces autres heures dévouées à la dégustation — semble bien compromis si l'on en croit les sombres prédictions de ces soi-disant sages qui affirment lire des avertissements inquiétants sur les murs des cuisines.

Mon point de vue est plus optimiste, car j'ai tendance à comparer la France avec d'autres pays plutôt que la France d'aujourd'hui à celle d'hier, sans toutes les séduisantes distorsions de la nostalgie. Je vois du moins à quelques signes encourageants que certaines traditions sont plus vigoureuses que jamais ; la gastronomie française résiste à ce que mon ami Régis, le prince des gourmets, appelle la « cuisine industrielle ». En voici quelques illustrations.

Les chefs renommés, des hommes comme Ducasse, Guérard, Bras et Troisgros, jouissent d'une célébrité et d'un prestige décernés ailleurs aux seuls dieux du sport ou de la télévision. Que l'un d'eux s'avise d'ouvrir un restaurant, et la nouvelle fera la une des journaux. Si — Dieu nous en préserve — leur réputation baissait, cette catastrophe nationale, ce tremblement de terre ferait probablement l'objet d'éditoriaux consternés dans *Le Monde* ou *Le Figaro*. N'allez pas croire que les clients de ces grands chefs soient tous milliardaires, ministres ou rois de la note de frais. Le Français moyen, M. Dupont, est prêt à investir dans son estomac, à faire des économies pour un dîner dans les meilleurs restaurants. Il parcourt souvent des distances considérables, mais, pour reprendre la formule du guide Michelin, cela « vaut le détour ».

Il en est tout aussi vrai de restaurants plus modestes et de chefs moins prestigieux. On peut découvrir quelques bonnes tables dans les ruelles des villes de province, de petits établissements charmants à la cuisine soignée comme *L'Isle sonnante* en Avignon. D'autres sont si profondément enfouis au cœur de la campagne qu'on pourrait croire que leur clientèle se résume au facteur et à sa femme ou à quelque voyageur égaré, comme cela m'est arrivé un jour d'été voilà deux ans.

J'avais pris un raccourci — toujours une mauvaise idée pour un être aussi peu doué que moi en matière de géographie et d'orientation — et je me trouvais perdu. Pour aggraver encore la situation, c'était l'heure du déjeuner. Il faisait chaud. Les petites routes sur lesquelles je m'étais fourvoyé étaient désertes. Les panneaux affichaient des noms inconnus. Je m'en voulais de ne pas être resté à Aix pour le repas.

Là-dessus le destin intervint. Je m'étais arrêté à

un embranchement. Le hasard me fit prendre à droite plutôt qu'à gauche et, deux minutes plus tard, j'arrivai dans le minuscule village de Saint-Martin-de-la-Brasque. À mes yeux s'offrit alors un spectacle propre à vous redonner foi dans les raccourcis : une petite place bordée de maisons aux fenêtres fermées pour les protéger de la chaleur, des tables et des chaises à l'ombre d'une rangée de platanes où l'on servait le déjeuner. Tout était si calme que j'entendais le clapotis de la fontaine du village, un des plus doux bruits de l'été. Je me félicitai de ne pas être resté à Aix.

Je ne garde pas un souvenir très précis de mon premier repas sous les arbres du restaurant *La Fontaine*, mais je me rappelle que l'on y servait la cuisine bourgeoise la plus satisfaisante qui soit : simple, généreuse, savoureuse. On me donna une table près de la fontaine, juste à portée de main du vin gardé au frais dans l'eau.

Depuis lors, j'y suis retourné bien des fois. La cuisine y est toujours excellente et la clientèle régulière. La nouvelle s'étant répandue, les gens viennent d'Aix ou de l'autre côté du Luberon, sans hésiter à faire une heure de voiture ou davantage. Le restaurant « vaut le détour ».

Si M. et Mme Girand ont l'énergie de tenir ainsi encore trente ou quarante ans, *La Fontaine* pourrait rejoindre le peloton des établissements, grands ou petits, devenus des institutions. On les trouve aux quatre coins de la France, de *Chez l'Ami Louis* à

Paris à *L'Auberge de La Môle*. Ce ne sont pas toujours les restaurants les plus élégants ni les plus vantés par les guides. Mais ils ont tous quelque chose d'irrésistible. Un caractère bien distinct, l'impression rassurante que vous et votre appétit ne sauraient être en de meilleures mains.

L'assurance de ces restaurateurs est le fruit de trois ou quatre décennies de pratique. Ils savent ce qu'ils réussissent le mieux et ils le font sans se soucier des modes. Ils adaptent, mais à peine, leur menu aux saisons. On verra ainsi apparaître les asperges au printemps, les champignons sauvages à l'automne, les truffes en hiver. Pour le reste — les coquilles Saint-Jacques, les terrines, l'agneau, les confits, les gratins de pommes de terre, la tarte maison et les crèmes brûlées — qui s'aviserait jamais d'y changer quoi que ce soit ? Ces classiques ont fait le bonheur de plusieurs générations.

Les plats et les vins sont apportés à votre table par un de ces hommes remarquables et hautement qualifiés, le serveur professionnel. On a l'air de croire aujourd'hui qu'il suffit, pour être serveur, d'avoir une coordination musculaire permettant de tenir un plateau en équilibre dans la paume de la main. C'est un métier qu'exercent souvent les jeunes gens quand leurs projets sont encore un peu vagues. D'un naturel généralement affable, ne demandant qu'à rendre service mais connaissant rarement leur affaire, ils ne font guère plus qu'assurer le transport entre la cuisine et le client. Un vrai serveur, un serveur de carrière, c'est tout autre chose. Il ajoute au plaisir de votre repas.

Demandez-lui de vous guider dans vos choix, car il connaît la cuisine mieux que vous. Il a sans doute goûté des dizaines de fois tous les plats figurant au menu. Il peut vous expliquer en détail la préparation de chaque plat et vous conseiller sur la combinaison idéale entre le léger et le consistant, le doux et l'épicé. Et il connaît par cœur la cave, notamment certains petits vins de pays que vous n'avez peut-être jamais goûtés.

Maintenant, observez-le à l'ouvrage. Son travail semble sans effort. Pas de lutte sournoise avec la bouteille de vin ; sans jamais se coincer ni se casser, le bouchon sort d'un souple geste du poignet pour être brièvement mais attentivement humé. Rien ne se fait dans la hâte et pourtant tout le nécessaire — les cornichons pour le pâté, une moutarde forte pour la daube — est sur la table au moment voulu. La corbeille à pain n'est jamais vide, les verres non plus. Vous n'avez rien à demander. Votre homme est un télépathe : il connaît vos désirs avant que vous ne les formuliez.

Ailleurs, j'en suis sûr, il existe des serveurs de ce genre, mais ils semblent si nombreux en France : calmes, posés, maîtres de la situation. Leur métier est en France bien considéré : j'aime cela. À dire vrai, ces serveurs hors pair méritent une reconnaissance officielle et il ne saurait y en avoir de meilleure que dans les pages d'une autre florissante institution française, le guide Michelin.

Le guide a célébré son centième anniversaire en 2000. Il a paru, comme d'habitude, en mars — un volume à couverture rouge, regorgeant de bonnes adresses — et, comme d'habitude, il s'est arraché chez les libraires. D'autres pays, bien sûr, ont leurs guides gastronomiques (infiniment plus minces que le Michelin) et certains se vendent fort bien. Mais le Michelin fait mieux que cela : année après année, c'est un best-seller national.

Dans quel autre pays verrait-on des gens s'énerver à propos du sel ? Pour le reste du monde, le sel est un condiment nécessaire mais anonyme, à peu près aussi fascinant qu'un verre d'eau du robinet. Pas en France. Le sel ici est un sujet de discussion pour les gourmets. D'aucuns vous diront que le fin du fin est le sel de Guérande, récolté sur la côte bretonne ; d'autres préféreront la fleur de sel blanche recueillie en Camargue. Le sel que j'ai acheté pour me faire une opinion était emballé dans un élégant petit pot, fermé par un bouchon de liège. C'était un délice.

On voit de plus en plus d'entreprises familiales ou de petits producteurs soigner la présentation de leur marchandise pour se distinguer de l'alimentation industrielle. Les éleveurs de poulets de Bresse le font depuis des années : chaque volaille porte à la cheville une bague avec le nom et l'adresse du fermier. On trouve aujourd'hui des informations aussi détaillées — avec la promesse implicite d'une qualité supérieure — sur les pots de confiture, de miel et de tapenade, les fromages, les saucissons, l'huile d'olive ou le pastis. Tous ces mets délicats coûtent sans doute plus cher que leurs concurrents de la grande distribution, mais la différence de goût vaut bien la différence de prix.

Les centaines de marchés qui se tiennent chaque semaine à travers le pays prouvent encore que les Français sont loin de négliger leur estomac. En Provence, on a chaque jour l'embarras du choix. Et ces marchés gagnent au fil des ans. Je me souviens du marché de Coustellet il y a vingt ans : pas plus de dix ou douze camionnettes sur le parking du village. On pouvait acheter des légumes et des fruits du pays, du fromage de chèvre, une demi-douzaine d'œufs, c'était à peu près tout. Aujourd'hui, le marché occupe près d'un demi-hectare et, tous les dimanches matin, on s'y bouscule.

Les Français se distinguent tant par leur cuisine que par le plaisir évident qu'ils prennent à sa dégustation. Une merveilleuse photo datant des années 1920 montre un groupe d'hommes en costume trois-pièces assis autour d'une table. Ils s'apprêtent à déguster des ortolans à la broche — ces minuscules alouettes, aujourd'hui espèce protégée. Avant d'entamer cette première bouchée qui craque sous la dent, il convient d'observer un rituel. C'est l'instant qu'a saisi le photographe. Ces hommes respectables et bien habillés sont penchés

sur leur assiette, leur tête a disparu sous leur serviette. La tablée a des airs de réunion de moines
encapuchonnés prononçant le bénédicité avant le
déjeuner, pourtant ce rite a pour seul objet l'inhala-
tion du savoureux fumet des ortolans.

Sans doute une fois les ortolans terminés reste-t-il
dans l'assiette un peu de sauce. Cet ultime régal
mérite considération. Il sera dégusté dans les
règles, à l'aide d'un couvert conçu à cet effet. Une
invention française, bien entendu... Toutefois, si
l'on ne dispose pas d'un service d'argenterie aussi
complet, l'usage du pain piqué au bout de la fourchette est toléré. J'ai appris cette méthode voilà
quelques années, lors d'un dîner au cours duquel
mon hôte s'était fait un plaisir de me révéler certaines différences d'étiquette distinguant l'Angleterre de la France — autrement dit de souligner la
supériorité des manières françaises.

Quand j'étais enfant, on m'avait appris à garder
les mains sous la table quand je n'avais pas à tenir
une fourchette ou un couteau — « Étrange habitude, commenta mon hôte, et qui encourage les
comportements coquins. » On sait bien que, au
cours des dîners, les mains, en Angleterre, ont tendance à vagabonder sous la table pour presser une
cuisse, caresser un genou et avoir en général un
comportement répréhensible. Dans les familles
françaises, c'est le contraire : on doit toujours laisser ses mains — même oisives — sur la table. Le

badinage s'efface devant les exploits du cuisinier. Chaque chose en son temps, voilà la règle.

M'empressant de placer mes mains bien en évidence, je voulus savoir s'il existait une raison logique qui imposait aux Français, contrairement aux Anglo-Saxons, de poser leur fourchette les pointes vers la table. Était-ce pour protéger des doigts tendres et bien soignés de la piqûre des dents ? Mon hôte me lança ce regard que j'ai déjà vu cent fois sur des visages français : mi-amusé, mi-surpris. Comment pouvais-je faire montre d'une telle ignorance ? Les fourchettes sont ainsi disposées pour que l'on puisse admirer les armoiries de la famille gravées au dos.

La découverte de la cuisine — l'apprentissage du goût — passe par une série d'aventures et de surprises gastronomiques. Ainsi, lorsqu'on croit avoir maîtrisé la pomme de terre, quand on s'imagine n'avoir plus rien à espérer de ce « produit de base », on vous initie à l'aligot, un mélange velouté de pommes de terre, d'ail et de cantal. Le lendemain, vous goûtez l'alliance insolite mais triomphante des minuscules fraises des bois et de la vinaigrette. Là-dessus, vous découvrez les figues rôties. L'éducation de l'estomac n'a pas de fin.

Et c'est en général un processus des plus agréables. Dans l'ensemble, les gens qui passent leur vie à préparer de bonnes choses sont extrêmement sympathiques, ravis de l'intérêt porté à leur travail et enchantés de partager leur savoir. Il m'est arrivé parfois de voir des chefs éreintés et de mau-

vaise humeur après quinze heures passées aux fourneaux ; j'en ai même vu un, ivre mort, s'effondrer
en jurant à la porte de sa cuisine. Ce sont là des
exceptions. On s'imagine mal un misanthrope
consacrer sa vie au plaisir d'autrui.

Le plaisir, en effet, est contagieux ; il est dans la
semaine un repas où on l'éprouve le plus vivement.
On y rencontre enfants, parents, grands-parents,
parfois même le chien de la famille ; de jeunes
couples s'offrant une petite fête ; des gens d'un certain âge plongés dans la lecture du menu comme si
ses pages abritaient le secret de la vie ; des familles
du pays sur leur trente et un et des Parisiens vêtus
de leurs plus élégantes tenues campagnardes — un
mélange de générations et de milieux sociaux rassemblé pour observer une tradition encore bien
vivace : le déjeuner dominical.

Le moment qui pour moi vaut tout le repas est
celui de l'apéritif — pastis, kir, vin blanc ou, dans
les grandes occasions, champagne —, lorsqu'on
déchiffre la carte avec la concentration d'un avocat
examinant une page de son code. Suggestions et
contre-propositions s'échangent de table en table.
Le carpaccio de thon frais ? La soupe au pistou ? Le
flan d'asperges ? Et quoi ensuite ? Le ragoût de
veau aux poivrons ? Ou plutôt les pieds paquets,
cette recette provençale qui élève à des hauteurs
insoupçonnées les humbles tripes de mouton.

Peu importe, à vrai dire, votre choix. Ce qui
compte, ce sont ces instants de divine incertitude.

Durant cinq ou dix minutes, on met une sourdine aux conversations, on oublie les cancans et les affaires de famille pour déguster mentalement les plats du menu. On croirait entendre le frémissement des papilles.

Le déjeuner se poursuit sans précipitation, comme il se doit. Le dimanche, les gens mangent plus lentement et boivent un peu plus de vin. Ils ne pensent pas à regarder leur montre. Deux heures s'écoulent, souvent plus. Enfin, les appétits s'apaisent, une douce somnolence descend sur la salle tandis que les assiettes sont débarrassées, la nappe époussetée et le café servi. Un après-midi nonchalant s'annonce : un livre, un petit somme, un bain. Le chef fait cérémonieusement la tournée des tables pour recueillir des compliments, heureux de partager avec vous une ou deux de ses recettes préférées. Chose étrange, malgré le soin qu'on met à suivre ses conseils, ces plats n'ont jamais tout à fait le même goût à la maison. Ce déjeuner dominical dans un restaurant de campagne français a un petit quelque chose en plus, qui dépasse la simple cuisine. Mais, hélas, l'atmosphère voyage mal.

Lors de la préparation de ce livre — ces longues heures passées avec un couteau, une fourchette et un verre en main que je me plais à qualifier de travail de documentation — deux choses m'ont surpris. La première, c'est le degré d'enthousiasme que soulève toute foire ou manifestation, si insolite soit-elle, qui célèbre les plaisirs de la table. Les efforts déployés par les organisateurs, les marchands ambulants et les participants en général (qui, dans certains cas, ont traversé la moitié de la France) m'ont toujours subjugué. J'imagine mal un autre peuple disposé à consacrer tout un week-end aux cuisses de grenouilles, aux escargots ou à une cotation de poulets.

Moi qui croyais que les Français prenaient leurs passions au sérieux... Ma seconde surprise fut de découvrir que ceux qui s'associent à ce genre de manifestations sont d'infatigables boute-en-train. Ils portent des tenues insensées. Ils chantent à pleins poumons et souvent extrêmement faux les airs les plus inattendus — pour ne citer que *It's a Long Way to Tipperary*. Ils s'échangent des bons mots, mangent et boivent comme des champions et s'amusent énormément — pas du tout ce que l'on pourrait attendre d'individus réputés réservés, voire glacials.

« La France, un pays charmant. Dommage qu'il y ait les Français », se plaisent à répéter les Anglais. Peut-être ai-je eu de la chance. Tous les Français que j'ai rencontrés étaient serviables, de bonne humeur et parfois d'une générosité embarrassante. Des inconnus m'ont hébergé quand l'hôtel du coin était complet, un fermier m'a offert une bouteille de calvados 1935 distillé par son grand-père, et des douzaines d'autres se sont donné du mal pour s'assurer que je passais autant de bon temps qu'eux.

J'espère leur avoir rendu justice dans les pages qui suivent. À eux tous, merci de ces bons souvenirs.

Bénédicité

Dans la France du XXIᵉ siècle, l'étranger n'est pas accablé par une pesante religiosité. Certes, il existe des saints par centaines, la plupart enregistrés dans le calendrier officiel de la Poste. De saints patrons gardent un regard protecteur sur toute chose, des villages aux légumes, des fermiers aux menuisiers (j'ai toutefois cherché en vain le saint patron des écrivains). Près du bulletin météorologique du journal local figure le saint du jour, généralement sous l'illustration d'un ange soufflant dans une trompette. La France regorge de magnifiques cathédrales, de superbes abbayes et couvents, d'églises de tout âge et de toute taille. Mais ces lieux de culte sont le plus souvent déserts. Seule une poignée de la population française — une estimation récente l'évalue à 10 % — se rend régulièrement à l'église.

M. Farigoule, instituteur à la retraite, posté devant le bar du village, a toujours aimé se répandre en dissertations sur la détérioration de l'état du monde : « Le fait est que la véritable religion des Français est tout bonnement la cuisine. Et le vin, bien entendu. » De l'ongle, il tapota son verre vide pour indiquer qu'il en accepterait volontiers un nouveau. « Nous avons le culte du ventre et les chefs sont nos grands prêtres. Mieux vaut s'asseoir à table que s'agenouiller à l'église. Cela me navre de dire des choses pareilles sur mes concitoyens, mais je ne saurais laisser le sentiment patriotique dissimuler la vérité. »

Il se redressa de toute sa hauteur, tout juste plus de un mètre cinquante, braquant sur moi un regard sévère, dans le but manifeste de provoquer une discussion. Il gardait en tête une petite divergence d'opinions qui nous avait un jour opposés au sujet de la tactique de l'équipe de rugby d'Angleterre : Farigoule accusait les Anglais de mordre les oreilles de leurs adversaires dans les mêlées. Il me tenait depuis lors pour un dissident, un éventuel fauteur de troubles. C'était là une distinction que je partageais avec tous les interlocuteurs qui avaient un jour osé le contredire. De son propre aveu, le grand Farigoule n'avait jamais tort.

Cette fois pourtant, j'étais d'accord avec lui. En France, il n'est pas nécessaire d'avoir un esprit particulièrement observateur pour remarquer combien les restaurants attirent régulièrement une clientèle plus fournie que les églises. Je ne manquai pas de le dire.

Farigoule pencha la tête avec un petit hochement encourageant, en professeur patient s'efforçant d'arracher une réponse à un élève d'une stupidité insondable.

— Et alors ? Comment expliquez-vous cela ? À votre avis, quelle pourrait en être la raison ?

— Eh bien, dis-je, d'abord la cuisine est excellente.

— Mouais..., il m'assena son coup d'œil le plus cinglant et leva les mains au ciel pour repousser toute autre hérésie. Pourquoi perdre mon temps avec un pygmée de l'intellect ?

Étant donné sa taille, à peine rehaussée de chaussures aux semelles de crêpe, il s'aventurait sur un terrain potentiellement dangereux, mais je m'abstins de tout commentaire.

— Justement, dis-je, je vais moi-même à l'église le dimanche.

— *Vous* ?

Les sourcils de Farigoule s'envolèrent.

— Certainement. À la première messe. Je ne doute pas que je vous y verrai.

Là-dessus, je m'esquivai sans lui laisser le temps de poser d'embarrassantes questions.

J'allais à l'église, c'est vrai, mais je ne pouvais justifier cet acte par des raisons religieuses ou sociales. Ma décision avait été inspirée par des motivations d'ordre gastronomique. Mais cet aveu porterait sans aucun doute un coup fatal à ma triste réputation en confirmant à M. Farigoule ma turpitude morale, ma gloutonnerie et tout ce que mon caractère pouvait avoir de méprisable. Il ne fallait donc pas lui accorder la satisfaction de savoir que j'allais assister à la messe annuelle des Truffes à Richerenches, un village au nord-est d'Orange. Il s'agissait d'un événement sacré, placé sous le patronage de saint Antoine, où grâces seraient rendues à ce champignon aromatique, mystérieux et incroyablement coûteux : la truffe noire. Pis encore, pour récompenser la foi des dévots, un déjeuner de truffes suivrait le service religieux.

Il fallait arriver de bonne heure pour être sûr d'avoir une place dans l'église. À tout juste sept heures du matin, je quittai la douce chaleur de notre cuisine pour frissonner dans l'âpre bruine glacée de janvier. Malgré la nuit, je compris que ce serait un de ces jours — cinquante-deux par an, au dire de la mythologie locale — où le soleil n'allait pas briller sur la Provence. Je m'engageai sur une des petites routes menant à Richerenches. Le Vaucluse est une région de vins et, la nuit cédant la place à la grisaille, je distinguais les ceps noircis et

tordus des vignes taillées s'étendant sur des kilomètres à travers les coteaux. Les arbres faisaient le
gros dos contre le vent. Le paysage était figé. Deux
pies — d'ordinaire les oiseaux les plus coquets —
étaient blotties, accablées, au bord de la route,
comme des vieilles femmes trempées de pluie
attendant le car.

À travers le pare-brise défilaient des villages
encore déserts : Suze-la-Rousse, dont le château du
XIVe siècle abrite une université du vin ; La Beaume-
de-Transit, murée derrière ses volets clos, silen-
cieuse et ruisselante de pluie ; et puis, après une
ultime averse, Richerenches.

Le nom de la grand-rue renseigne aussitôt sur
l'occupation principale du village durant les mois
d'hiver : l'avenue de la Rabasse, ou avenue de la
Truffe, abrite chaque samedi matin, de novembre à
mars, le marché aux truffes. J'étais déjà venu un
jour de marché, j'avais vu les marchands alignés
proposer leur petite fortune de champignons dans
de petits sacs de toile ou de plastique. Intimidé
comme un novice lors d'un rituel séculaire, j'imi-
tais les acheteurs me semblant avoir mis au point la
bonne technique. Comme eux, je me penchais
pour humer le parfum mûr, presque moisi qui
montait des sacs. Je prodiguais des commentaires
admiratifs sur le bouquet, la taille, la couleur
impressionnante et l'indéniable beauté de leurs
masses noires et difformes. Comme les autres, je
veillais à tressaillir d'horreur en entendant le prix

au kilo. Cette information m'était confiée dans un murmure étouffé et un haussement d'épaules.

« Eh ben oui, qu'est-ce que vous voulez ! De belles truffes, comme les joyaux présentés ici, ne courent pas les rues. Elles sont presque impossibles à trouver. »

J'avais exploré le cœur du village, derrière le marché. Richerenches a été fondée au XIIᵉ siècle sur une ancienne commanderie des chevaliers du Temple. Imprenable pendant des siècles, le fort subissait maintenant l'invasion des voitures garées dans des recoins où un cheval bien nourri n'aurait pas pu se loger.

À Richerenches, les portes voûtées donnent sur des ruelles sombres où flotte le parfum de l'histoire. Petites et bien entretenues, les maisons vivent dans une étroite intimité. Il suffirait d'un voisin bruyant pour empêcher tout le village de dormir. L'espace le plus dégagé est le parvis de l'église. Je le traversai pour tenter d'ouvrir sa lourde porte clou-tée. Elle était fermée à clef. En ce joyeux dimanche matin, les dévotions du village se concentraient autour des sacs en plastique du marché aux truffes.

Il s'agissait cette fois d'un dimanche tout parti-culier, pourtant Richerenches n'était nullement pressée de se lever pour saluer la journée. J'étais le premier client du café : le percolateur exécutait l'ouverture de sa symphonie de sifflements et de crachotements, tandis que la patronne, derrière le

comptoir, chassait d'un chiffon des grains de poussière imaginaires.

Ah, le début de la matinée dans un petit café
français ! Chaque objet, choisi pour des raisons
plus fonctionnelles qu'esthétiques, est disposé avec
une précision méticuleuse, les cendriers trônent au
centre de chaque table, les chaises sont bien rangées. Les bouteilles étincellent sur les rayonnages,
pratiquement toutes les marques d'alcool imagi-
nables sont réunies, y compris quelques curiosités
locales. L'assortiment de plusieurs sortes de pastis
reflète ce penchant pour le nectar national dont
vingt millions de verres sont avalés chaque jour.
L'édition du matin du quotidien local *La Provence*,
aux pages encore lisses et propres, est posée sur sa
tablette. Le sol carrelé, lavé la veille au soir à l'eau
allongée de quelques gouttes d'huile de lin, est
encore vierge de tous les emballages de morceaux
de sucre et des mégots de cigarettes venant chaque
fin de journée s'accumuler en désordre au pied du
comptoir.

L'odeur du bistrot est caractéristique, et pas toujours appréciée : un mélange de café noir et de
tabac brun où percent parfois des relents d'eau de
Javel. J'aime cette odeur résolument française qui
me rappelle ces heures plaisantes passées à observer, comme une petite souris étrangère, les salles de
café. Les divers bruits — le heurt des tasses, le crissement des chaises, les quintes de toux matinales —
se répercutent contre les murs lisses.

Entra un client qui lança à la ronde un bonjour sonore. Sa carrure était à l'image de sa grosse voix. Il fut assez amical pour venir tendre la main à l'étranger solitaire que j'étais. Installé au comptoir, il but lentement son café, le petit doigt délicatement levé. Puis il paya, extrayant précautionneusement ses pièces d'une petite bourse en cuir éraflé grosse comme une boîte d'allumettes.

De nouveaux visages se présentèrent, rien que des hommes, des habitués, et le brouhaha s'accentua. Ce matin-là, des voix, qu'on aurait sans mal entendues à l'autre bout du village, condamnaient le temps désastreux. On n'y pouvait rien, mais peut-être qu'un petit coup de rouge ferait du bien. Du moins aujourd'hui seraient-ils à l'intérieur, au chaud dans l'église. Des touristes entraient de temps en temps. Les têtes tournaient à l'unisson pour les inspecter puis se détournaient, on se serait dit à un match de tennis.

Quittant le café, je trouvai plus d'animation dans la rue, même si, pour l'essentiel, elle n'avait rien d'indigène. De jeunes hommes à la barbe de trois jours, membres d'une équipe de télévision, déchargeaient du matériel en esquivant les voitures aux plaques étrangères qui tournaient désespérément à la recherche d'une place de parking. Des hommes et des femmes au teint rose et lisse des gens habitués à vivre enfermés, arborant d'élégants vêtements de pluie de coupe parisienne, erraient d'un air hésitant sur le trottoir. Le moment était venu d'aller à l'église si je voulais avoir une place assise.

Tout le monde semblait avoir eu la même idée. Les portes de l'église n'étaient pas encore ouvertes, mais le parvis était encombré d'adorateurs de truffes, officiels ou anonymes. Évoluant dans la foule comme des visiteurs d'un autre siècle arrivaient les dignitaires de la Fraternité de la Truffe, la Confrérie du Diamant noir, en grande tenue de cérémonie : capes noires descendant à mi-mollet, médailles pendues à des rubans à rayures jaunes et noires, chapeaux noirs à large bord. Deux d'entre eux, à l'écart de la foule, comparaient des truffes miraculeusement sorties des plis de leurs manteaux. Ils tenaient leurs trésors au creux des mains pour les soustraire aux regards indiscrets. La tête penchée, le bord de leurs chapeaux se touchant, ils s'entretenaient à mots couverts. On aurait dit des conspirateurs échangeant quelque secret d'État.

On m'avait recommandé d'apporter une truffe et je tâtai ma poche pour vérifier si le précieux champignon noir enveloppé dans du papier d'argent s'y trouvait toujours. J'entendis soudain un frottement métallique suivi du son grave et sourd de la cloche, qui provoqua l'affolement et la surdité provisoire d'un vol de pigeons jaillissant du beffroi. Je sentis comme une énorme bête la pression de la foule me poussant vers les marches de l'église. Les portes s'ouvrirent. Avec toute la bienséance dont ils étaient capables, les membres de la congrégation se bousculaient et jouaient des coudes pour s'assurer une place à proximité de l'autel. Les Français n'ont jamais pris l'habitude anglo-saxonne des files d'attente disciplinées...

L'église était confortable, bien éclairée et en assez bon état : les pâles voûtes de pierre lisses et intactes, les boiseries bien astiquées, les fleurs fraîches disposées autour de l'autel. Les choristes froissaient leurs partitions en se raclant discrètement la gorge. Le léger courant d'air apportait aux narines un effluve bien identifiable : ce n'était ni l'encens, ni la poussière, ni même une odeur de sainteté, mais une truculente allusion aux raisons nous rassemblant en ces lieux. Sur la chaire ornée de dentelle, disposées comme une rangée de poings noirs déformés par l'arthrite, s'étalaient six énormes truffes brossées avec soin. C'était là un spectacle à réchauffer le cœur d'un gourmet.

Il ne régnait guère le silence escompté avant le début d'un service religieux. Les voix de ceux qui s'efforçaient de parler bas étaient couvertes par d'autres : on interpellait des amis, faisait des commentaires sur les fleurs, la satisfaisante magnificence des truffes et l'ampleur de la foule débordant jusqu'au parvis. J'entendais, au-dessus du bourdonnement des conversations, le déclic des obturateurs et le crépitement des flashes. Les photographes de presse disputaient les meilleurs angles à l'équipe de télévision.

L'arrivée du prêtre présidant à la cérémonie, le

père Glèze, apporta un semblant de calme. Il avait l'aspect seyant à tout homme d'Église : une auréole de cheveux argentés, un visage de chérubin adulte, une expression de tranquille bonhomie. Il nous accueillit avec un sourire d'une grande douceur et le service commença.

Chants et prières emplissaient l'église de paroles et d'accents qui n'avaient guère changé en mille ans. Le monde moderne semblait loin, bien loin — enfin, si les yeux restaient fermés. Au moindre regard qui nous échappait, le XXIᵉ siècle resurgissait : l'équipe de télévision tentait vainement de passer inaperçue et l'enfant de chœur angélique, avec ses cheveux blonds et ses joues bien lavées, laissait apercevoir les bouts caoutchoutés de ses baskets du dimanche sous l'ourlet de l'aube traditionnelle.

Le sermon commença. Le père Glèze avait choisi de le prononcer en *lengo nostro*, « notre langue », le provençal, bien peu familier à mes oreilles ignorantes. D'après certains érudits, des traces de latin et de grec parsèment ce dialecte, mais la tonalité d'ensemble évoque une version plus sonore du français, vibrante de vocables aux sonorités merveilleuses : *escondum, moulounato, caoto-caoto*. De tout le sermon, à l'exception de *amen*, je n'ai pu identifier avec certitude qu'un seul mot : *rabasse*, la truffe, dont la présence s'affirmait dans l'église à mesure que les paniers de récolte circulaient dans les rangées. L'un d'eux arriva jusqu'à mon voisin. Il le prit à deux mains comme un calice, baissant la tête, il le huma longuement avant d'y déposer sa contribution personnelle.

Pour encourager nos dons, le chœur entonna un hymne à saint Antoine. Il n'avait plus dès lors à douter des souhaits de l'assemblée :

> *Bon saint Antoine, donne-nous*
> *Des truffes en abondance*
> *Que leur odeur et leur bon goût*
> *Fassent aimer la Provence.*

Il ne s'agissait pas d'un simple cri d'avidité. Si saint Antoine avait fait son travail, il y aurait eu des truffes par milliers. La maison du Seigneur n'aurait eu qu'à s'en féliciter puisque, selon la tradition, ces truffes sont vendues aux enchères après le service, les bénéfices de la vente allant à l'église et à des œuvres charitables.

Les paniers que j'apercevais débordaient d'une extravagante salade de truffes et de gros billets. Puis, Dieu ayant reçu sa part, la congrégation se leva et le chœur l'accompagna sur l'*Alléluia* de Haendel. Dehors, la pluie s'était arrêtée : « Divine providence », murmura un vieux truffier en levant les yeux vers le ciel — la vente aux enchères pourrait avoir lieu comme prévu en plein air, devant la mairie.

Le centre des opérations était une simple table plantée au milieu de la place. Le commissaire-priseur grimpa dessus, la foule commençait à s'assembler. À n'en pas douter, cet homme, membre de la confrérie, aurait remporté le grand prix de la moustache la plus spectaculaire. Une œuvre superbe : luxuriante, d'une belle courbure défiant la gravité et d'une envergure rivalisant avec le bord de son chapeau noir — une moustache de virtuose.

Des rumeurs circulaient dans la foule à propos de la collecte d'aujourd'hui ; les nouvelles n'étaient pas bonnes. Les acheteurs devraient puiser jusqu'au fond de leurs poches, car le contenu des paniers reflétait la décevante récolte de l'année. Il y avait à peine trois kilos de truffes contre sept l'année précédente. Les prix allaient grimper. Mais, à en croire M. Escoffier, l'octogénaire de la confrérie, ce serait de l'argent bien dépensé : « La truffe, ça rend les femmes plus gentilles et les hommes plus galants. » Voilà qui assurément méritait un petit supplément.

Remontant d'un revers de main les pointes de sa moustache, le commissaire-priseur se mit à l'œuvre. Avec l'aplomb d'un vieux routier de chez Sotheby, il prépara son auditoire à une matinée ruineuse. « Cet été, commença-t-il, la pluie n'est pas tombée comme elle aurait dû. Les truffes sont rares. Extrêmement précieuses. Or, vous le savez bien, ce qui est rare est cher. Mais, ajouta-t-il en écartant les paumes vers le ciel et en adressant à la foule un haussement d'épaules, vous pourrez toujours faire des économies sur le vin. »

Il brandit la première truffe aux regards du

public, aussitôt jaillit une enchère de 900 francs. Le commissaire-priseur jeta à l'enchérisseur un regard de stupeur méprisante. « Puis-je en croire mes oreilles ? Une pitoyable offre de 900 francs ? Ce monstre pèse 220 grammes. Il est impeccable, prêt pour une omelette. Pas la moindre trace de terre. » De sa position imprenable, il contempla les visages placés autour de lui, portant à son oreille une main pleine d'espoir. Une voix offrit 1 000 francs. Pas assez. Il dégaina alors son arme secrète : « Vous n'avez donc pas envie d'être sauvés, bande de mécréants ! Allons ! Ouvrez vos portefeuilles ! » Encouragés par ces perspectives de salut, les enchérisseurs montèrent jusqu'à 1 500 francs. Le marteau s'abattit.

Le commissaire-priseur poursuivit son boniment, généreusement saupoudré d'allusions au Tout-Puissant et de conseils culinaires, jusqu'à la vente de la dernière truffe. Toujours en proie à la fièvre des enchères, un panier vide titilla son imagination : « Ce panier-là vaut une fortune, annonça-t-il. Il a été béni ! » Le panier atteignit les 1 000 francs. Le seuil magique des 25 000 francs était dépassé. D'une façon ou d'une autre, nous avions tous gagné notre déjeuner.

L'alliance d'un temps froid et de bonnes actions : rien de tel pour aiguiser l'appétit. La spécialité du menu servi dans la salle communale de Richerenches était l'omelette aux truffes. J'ai rarement vu une foule se déplacer avec autant de célérité et de détermination : relevant les yeux après avoir griffonné quelques notes, je vis la place de la mairie déserte.

Dans la salle communale, un étonnant chaos s'offrait aux regards : chacun circulait parmi les tables à la recherche de la place qu'on lui avait attribuée. Dans un tourbillon de présentations, je serrai chaque main se trouvant à ma portée. Mes voisins de table étaient des gens du pays, jovials et assoiffés.

Dans ce genre d'occasions, c'est un grand avantage d'être un étranger. Vous êtes sans cesse abreuvé de vin, de leçons et de conseils en tout genre. Un Anglais comme moi, fraîchement débarqué d'Albion (un pays évité par la délicate truffe), sait-il qu'il est impossible de cultiver le « divin tubercule » ? Il pousse là où bon lui semble ; c'est pourquoi les récoltes et les prix varient tant. Mon professeur, assis en face de moi, hochait la tête en parlant, comme s'il avait personnellement joué un rôle dans l'ordre naturel des choses.

Lorsque je lui demandai son avis sur les cultures génétiquement modifiées, il se carra sur sa chaise. Il réagit comme si j'avais insulté sa grand-mère ou, peut-être pis encore, l'équipe de football locale. « Agir sur la nature, déclara-t-il. Il ne peut en sortir rien de bon. Ce n'est rien d'autre qu'un complot ourdi pour enrayer le processus de reproduction et obliger les fermiers à acheter chaque année de nouvelles semences. Et dire que ce scandale est encouragé par des hommes en blouse blanche et des agriculteurs véreux ! »

Prêt à déblatérer sur le sujet des heures durant, il fut pourtant réduit au silence par l'arrivée d'une omelette, fumante, parfumée, généreusement parsemée de fines et croquantes tranches de truffe noire. Elle était d'un jaune vibrant, de ce ton unique des jaunes d'œufs pondus par des poules de ferme. Le chef en avait subtilement mesuré la consistance, juste baveuse.

Malgré tous les efforts que je déploie, mes omelettes sont tout au plus des œufs brouillés améliorés. Elles ne supportent pas le voyage et s'écroulent lamentablement dans l'assiette. Je demandai à mes voisins de table s'ils connaissaient le secret de l'omelette parfaite.

J'aurais dû m'y attendre : le débat soulevé par ma question occupa le plus clair du déjeuner. En France, vous n'obtiendrez jamais de réponse univoque en matière de cuisine. Demandez comment faire cuire un œuf à la coque, vous recueillerez une douzaine d'opinions différentes. Les Français adorent discuter de bonne chère, et particulièrement quand ils sont à table : le maniement des couverts offre une gestuelle dramatique incomparable. Brandir le couteau est bien plus menaçant que d'agiter l'index ; reposer un verre de vin (vide, on peut l'espérer) en heurtant la table apporte à votre propos toute la force d'un point d'exclamation ; l'art de manœuvrer poivrier, pot de moutarde, soucoupe d'olives et croûtons de pain est un élément décisif à la démonstration de la théorie complexe que vous exposez au simple d'esprit qui vous fait face. Et le simple d'esprit du jour, bien sûr, c'était moi.

Mon plus proche voisin fouettait énergiquement une omelette virtuelle.

— Avec l'omelette, dit-il, l'essentiel, c'est une bonne poêle en fonte.

— Non, non, non, protesta la femme assise auprès de lui. Le cuivre doublé de fer-blanc est bien supérieur à votre fonte : il est plus léger et conduit mieux la chaleur. Voilà comment, cher monsieur, dit-elle en s'interrompant pour braquer un couteau vers la poitrine de son adversaire, l'omelette a une cuisson plus régulière. Voilà.

Elle hocha la tête en promenant autour de la table un regard impérieux, manifestement persuadée d'avoir livré un coup fatal aux partisans de la fonte.

Je comprenais mon erreur : ma poêle à omelette était d'un alliage ultramoderne d'aluminium à revêtement antiadhésif. Je l'avais achetée aux États-Unis, incapable de résister au vendeur. « Cet ustensile, m'avait-il dit, est issu de la technologie de la NASA. Si cette poêle-là colle, revenez me voir et je vous rendrai votre argent jusqu'au dernier sou. » Certes, elle n'avait jamais collé. Hélas, elle n'avait jamais non plus produit d'omelette digne de ce nom. Je décidai de soumettre l'idée aux experts :

— Ma poêle est en aluminium. Qu'en pensez-vous ?

Les deux adversaires serrèrent les rangs, unis dans une même attitude railleuse. Ils secouèrent la tête, clappèrent de la langue, sourirent de pitié.

— Ça, jamais de la vie !

Le déjeuner se poursuivit, la leçon aussi : il faut toujours passer une poêle neuve à l'huile deux ou trois fois pour en saisir la surface. Avant de mettre les œufs, il est nécessaire de la préchauffer : la poêle doit être assez brûlante pour faire rebondir une goutte d'eau. Enfin, il ne faut jamais la laver après usage, mais seulement l'essuyer avec une serviette en papier.

L'unanimité se fit sur ces points fondamentaux. En revanche, la question du processus de cuisson souleva de vives divergences, ponctuées de verres frappés sur la table et d'énergiques hochements de tête.

— L'omelette exige une goutte de bon madère, battu avec les œufs.

— Pas du tout, protesta un puriste, juste une pincée de sel, du poivre et une noisette de beurre fondu. Quant à l'autre noix de beurre, celle de la poêle, attention ! Elle ne doit jamais fumer ni roussir exagérément, sinon l'omelette aura un goût de brûlé. Et il faut toujours utiliser une cuiller en bois pour battre les œufs.

— Allons donc ! dit une femme. Une fourchette,

c'est bien mieux quand il s'agit de replier l'omelette.

— Excusez-moi, madame ! Voilà vingt-cinq ans que j'utilise une cuiller en bois.

— Ah bon ? Ça fait trente ans que je me sers d'une fourchette.

Jeu, set et match pour madame, du moins le croyais-je. Le tir croisé d'opinions contradictoires continua durant trois plats — la daube, le fromage et le dessert. Cette discussion me laissa finalement dans la plus totale confusion, malgré les instructions gentiment griffonnées par certains de mes compagnons sur le coin d'une serviette en papier. En émergeant de l'atmosphère enfumée de la salle communale pour déboucher dans l'air frisquet de la fin d'après-midi, une seule idée claire me restait en mémoire : j'avais utilisé le mauvais modèle de poêle. La technologie de l'ère spatiale ne tenait pas devant un fond de cuivre.

Le dernier mot de ma visite à Richerenches revint à M. Farigoule, que je croisai quelques jours plus tard. Manifestant une évidente curiosité quant à mes habitudes religieuses, il voulait savoir quelle église la Providence avait choisie pour opérer ma « miraculeuse conversion ».

— Vous savez, répondis-je, je ne l'ai pas vraiment choisie. C'était juste la bonne église au bon moment.

— Ah, ah ! Vous vous êtes donc senti appelé par une force surnaturelle ! Remarquable !

— Ce l'était assurément.

Farigoule me considéra d'un œil neuf. Il m'avait sous-estimé.

— Remarquable..., répéta-t-il.

J'aurais sans doute pu en rester là, en pleine gloire. Mais, les questions de Farigoule se faisant de plus en plus insistantes, je finis à regret par me confesser.

C'était assurément une défaite, mais la satisfaction de Farigoule méritait bien ça. Il était transporté. Il se gonfla de façon visible, comme un politicien face aux caméras de télévision et, comme eux, il fit la roue. Hochant la tête, de l'air suffisant et exaspéré d'un homme ravi de voir confirmés ses pires soupçons, il conclut :

— Bien sûr. Par gourmandise... j'aurais dû m'en douter.

Les amateurs de cuisses de Vittel

Songez à la grenouille : ni poisson ni volaille, ce curieux entre-deux est pour bien des gens un symbole d'excentricité gastronomique, et pour les Anglais l'emblème d'une nation. Ils appellent les Français les « *frogs* » en frémissant d'horreur devant de tels goûts culinaires. Les « grenouilles » mangeraient n'importe quoi.

Dans le midi de la France, où il y a plus de soleil que d'eau, les grenouilles sont rarement au menu. L'animal prospère dans les marécages, s'accouple dans une mare et passe sa vie bien humide sous un climat tempéré.

Les grenouilles les plus dodues et les plus succulentes de France, m'avait-on dit, vivent dans les
Vosges. C'est là, dans le nord-est du pays, que se
trouve une région verdoyante et vallonnée où la
nature a prodigué montagnes, cours d'eau, étangs
par milliers — répondant parfaitement aux exigences de la grenouille en matière de résidence.
Les derniers dimanches d'avril, de toute l'Europe,
les amateurs de grenouilles fondent sur Vittel pour
y assouvir leur passion.

Vittel est célèbre pour son eau riche en calcaire,
aux vertus thérapeutiques. C'est le lieu de paisibles
cures : deux ou trois semaines en promenades ou
balades à bicyclette éventuellement agrémentées
d'un petit détour au casino pour flamber un peu.
Inutile de le préciser, ces activités s'accompagnent
de la consommation régulière du tonique local, qui
revitalise le foie, purge les canalisations et donne
au teint un éclat de bon aloi. Comme toutes les
villes d'eaux, Vittel est d'ordinaire fort calme. Les
visiteurs se remettent de leurs péchés digestifs ; ils
se déplacent avec lenteur, enfourchent paresseuse-
ment leurs bicyclettes jaunes de louage. Les deux
toilettes publiques édifiées sur la grand-rue ont du
succès : c'est le seul lieu où l'on se presse, car l'eau
fait son œuvre. La paix règne partout.

Il faisait gris et frais le jour où j'arrivai à Vittel :
un vrai temps de grenouille. Dans les rues adja-
centes, des ouvriers dressaient l'équipement mobile
réclamé par toute fête qui se respecte : stands de tir,

manèges, éventaires de souvenirs et de sandwiches. De longues tentes abritaient des tables à tréteaux pour les repas plus substantiels — composés principalement de grenouilles. En quantité. L'année précédente, près de trente mille personnes étaient venues à bout de cinq tonnes de grenouilles.

Le journal local consacrait une double page aux batraciens. Vêtue d'un pudique costume de bain à rayures de coupe victorienne, une grenouille annonçait des toilettes de rêve à la boutique *Mod'In.* Sur un placard publicitaire pour le gymnase de Vittel, une autre, tout en muscles, soulevait des haltères et promettait de belles cuisses à qui suivrait son exemple. Les belles cuisses, je n'allais pas tarder à le découvrir, étaient fort prisées : de clins d'œil en haussements de sourcils éloquents, les allusions étaient bien suggestives. Un autre panneau énumérait huit façons différentes d'accommoder ces mets délicats : pochées au riesling, gratinées avec des asperges, des nouilles, des escargots, voire à la provençale, bref, des cuisses pour tous les goûts. En lettres d'or, sur la silhouette d'une grenouille souriante et nubile dans la posture classique du nu allongé, on annonçait l'élection de Miss Grenouille (ou, comme l'appelaient certains admirateurs, Miss Cuisse) à l'issue du déjeuner officiel du dimanche. Une « grenouillade monstre » était prévue le même soir à la salle du Moulin, sous le patronage de la Confrérie des dégustateurs de cuisses. Voilà qui annonçait un week-end bien rempli.

Dans la salle du Moulin, je trouvai M. Loisant, président et dégustateur en chef de la Confrérie, en train de surveiller les derniers préparatifs. Ce petit homme fort vif parut enchanté de pouvoir par ma présence ajouter une nouvelle nationalité à sa liste de visiteurs étrangers. Des Belges, des Hollandais, des Allemands et même des Portugais étaient venus, mais j'étais le seul et unique Anglais. La nouvelle s'était vite répandue ; j'avais surpris déjà l'échange de deux ouvriers qui dressaient les tables :

— Il paraît qu'il y a un Anglais cette année.

— Ah bon ! Je le dirai aux grenouilles !

Entre deux voyages aux cuisines où des cuisses s'entassaient par plateaux entiers auprès des fours, Loisant m'expliqua comment Vittel était devenue La Mecque des amateurs de grenouilles.

— Tout cela a commencé il y a vingt-sept ans, dit-il, lorsque René Clément, le patron du restaurant juste un peu plus bas sur la route, trouva l'étang de sa propriété envahi par des centaines de grenouilles. Jamais il n'en avait vu autant ! Que faire ?

— Ma foi, suggérai-je, comme il était chef cuisinier...

— Tout juste ! Il dressa une table sur la terrasse de son restaurant. Il prépara — Dieu comme il cuisinait bien ! — des cuisses de grenouilles et quelques pommes frites. Tout Vittel défila à sa table. L'année suivante, même chose. Et cela se poursuivit ainsi. Aujourd'hui, comme vous le savez, nous avons notre propre confrérie, qui compte 250 membres. (Il consulta sa montre, puis tourna les talons pour regagner les cuisines.) Retrouvez-moi donc demain à neuf heures au palais des Congrès. Il y sera servi un petit déjeuner à notre manière. Vous serez notre premier confrère anglais.

Je n'étais pas sûr de mériter cette distinction ; je ne pouvais guère prétendre être un connaisseur, ni même un consommateur régulier. De plus, c'était là un changement de statut. D'observateur inconnu — et, dans l'idéal, passant inaperçu —, de simple spectateur griffonnant furtivement quelques notes, je passais acteur, au cœur de l'action : j'allais grignoter des cuisses en public. Et quoi d'autre ? Ayant déjà assisté à de telles cérémonies d'intronisation, je savais que ces rituels comptaient souvent des moments susceptibles d'être humiliants. Vider de monstrueuses coupes de vin rouge sans en faire tomber une goutte et sans reprendre haleine, réciter de mémoire un serment d'allégeance en provençal, chanter l'hymne de la confrérie — j'avais été témoin de cela dans le confortable anonymat de la foule. Maintenant la foule allait contempler mes prouesses.

Je pouvais aisément prédire une partie du rite initiatique. Il me serait demandé sans aucun doute de manger — ou plutôt de savourer avec délectation — une paire de cuisses, voire davantage. Je n'avais goûté qu'une seule fois aux cuisses de grenouilles, et l'expérience avait été accablante, j'avais eu le sentiment de lécher une sucette à l'ail. Mais il s'agissait de l'œuvre d'un cuisinier amateur qui ignorait l'art subtil d'accommoder les batraciens. Ici, au cœur du pays des grenouilles, la touche des chefs locaux promettait d'être plus délicate. Encouragé par cette idée, je décidai de tenter un essai, de m'entraîner en privé avant mes débuts publics.

Ce soir-là, les restaurants de Vittel rendaient unanimement hommage à la grenouille, mais je me trouvai plutôt attiré vers les éventaires d'une petite rue voisine. Sous des bâches déployées, de longues tables en planches avaient été disposées devant un comptoir de fortune. La plupart des places étaient déjà occupées et la mode de la soirée était au port de la serviette en papier glissée sur le col de la chemise ; en France, cela dénote d'ordinaire un homme qui prend son repas au sérieux. La bonhomie régnait : mélange harmonieux de musique et de rires, bouteilles de riesling sur les tables, cuisses de grenouilles au menu. Je trouvai une place près d'un groupe de robustes gaillards au parler bruyant — les membres d'un club de rugby, à en croire leurs maillots — et passai commande à la serveuse.

En entendant mon accent, mon voisin se tourna vers moi, la tête penchée. Il avait les oreilles légèrement effilochées d'un talonneur ayant participé à de trop nombreuses mêlées et un large visage jovial.

— D'où êtes-vous ? demanda-t-il.
— Je suis anglais.

J'avais répondu avec une certaine appréhension, car les rencontres de rugby opposant la France et l'Angleterre ont tendance à être des répétitions de la bataille d'Azincourt, les passions aussi bien des joueurs que des supporters ayant tôt fait de s'exacerber. Par chance, mon voisin ne semblait nourrir aucune de ces rancunes.

— Ah, les Anglais, dit-il. Ils sont durs. De vrais chars d'assaut. (Sans doute s'agissait-il d'un compliment, car il prit la bouteille posée devant lui pour emplir mon verre.) Et que faites-vous ici ?

Lorsque je lui expliquai combien j'étais désireux de mieux connaître les grenouilles, il éclata d'un rire sonore et donna un coup de coude à son copain. Un Anglais s'intéressant aux grenouilles, avait-on jamais rien vu d'aussi bizarre ?

Comme je l'ai souvent dit, le Français éprouve une grande estime pour celui qui avoue son ignorance ; s'il s'agit d'un étranger, il est heureux et fier d'évoquer les innombrables merveilles et curiosités de son beau pays. C'est un aspect du caractère national, cette irrésistible envie d'éduquer et de civiliser les infortunés vivant dans une partie du monde moins privilégiée. Ainsi, en Provence, j'ai bénéficié d'un enseignement gratuit sur des sujets aussi variés que l'épluchage des poivrons rouges, l'extermination des rats, le traitement des maladies du platane, le dressage des chiens truffiers ou la bonne méthode pour administrer un suppositoire (« doucement, doucement »).

Après avoir échangé à voix basse quelques remarques avec son ami et poussé un autre éclat de rire, mon voisin se retourna vers moi. « La première chose à savoir, déclara-t-il, c'est qu'il ne faut jamais laisser de grenouilles dans votre chambre d'hôtel. Jamais. »

J'acquiesçai. C'était à n'en pas douter une déplorable habitude. Il s'expliqua.

Quelques-uns de ses amis avaient dû se rendre sur un chantier non loin de Lyon, pour vidanger un grand réservoir avant de s'attaquer à la restauration d'un vieux château. C'était le printemps, le réservoir grouillait de grenouilles : de succulentes jeunes créatures, une occasion à ne pas laisser passer. Un des hommes, familier des mœurs de la grenouille, connaissait la marche à suivre. Il attacha de petits morceaux de tissu rouge à l'extrémité de tiges de bambou qu'il distribua ensuite à chacun avec ses instructions techniques.

La méthode ressemblait un peu à celle de la pêche à la mouche : un délicat lancer suivi de petites ondulations à la surface de l'eau. Les grenouilles mordaient. Attirées par la couleur, le tissu ou la façon de le traîner lentement sur l'eau, l'une après l'autre, les grenouilles mordaient à l'hameçon. À la nuit tombée, plusieurs grands sacs en plastique en étaient remplis.

Les ouvriers étaient descendus dans un petit hôtel non loin du chantier. On était vendredi et les hommes sortirent pour fêter la fin d'une rude semaine, laissant les grenouilles dans une des chambres.

Sautant hors des sacs en plastique où elles étaient confinées, les grenouilles savourèrent pleinement leur liberté retrouvée, laissant des traces de leur passage sur les oreillers et les couvre-lits, les tables de nuit, le poste de télévision, le téléphone, partout. Après tout ce sport, elles se mirent en quête de quelque chose à grignoter. Sans prêter attention aux draps, aux taies d'oreiller ou à la moquette, elles se concentrèrent sur le papier peint, un imprimé fané attendri par le passage des ans, mais égayé sans nul doute par un soupçon de colle bien mûre et croustillante.

En rentrant du dîner, l'heureux occupant de la chambre découvrit l'ampleur du désastre : le bas des murs était entièrement mis à nu, les grenouilles rassasiées et somnolentes recouvraient le sol. Clignant des yeux dans la lumière, elles semblaient mécontentes d'être dérangées. Il fallut une bonne partie de la nuit pour les faire regagner leurs sacs. Les ouvriers partirent le lendemain de bon matin, laissant la direction de l'hôtel perplexe devant les aménagements apportés au décor de la chambre.

Ce n'était pas l'histoire la mieux choisie pour introduire un dîner de cuisses de grenouilles ; je contemplai avec une certaine méfiance l'assiette déposée à l'instant devant moi. Les cuisses, sautées au vin blanc et parsemées de persil, avaient une couleur crémeuse. Leur aspect était appétissant et

leur arôme délicieux, mais je ne pouvais m'empêcher de me demander quelle sorte de régime les
avait rendues si fermes et si rondes. Le papier peint
en constituait-il le secret ingrédient ? S'agissait-il
plutôt de vieilles factures de téléphone ? D'une
boîte de Kleenex dégustée mouchoir après mouchoir ?

— Allez, conseilla mon voisin. Avec les doigts.

De fait, comme on avait servi les cuisses minuscules non désossées, il aurait fallu l'habileté d'un
praticien en microchirurgie pour utiliser un couteau et une fourchette. Obéissant à ces instructions,
je m'emparai d'une patte et la mordis prudem-
ment.

Poulet ? Pas exactement. La chair avait une
consistance plus fine, un goût plus onctueux. Elle
était moelleuse, tendre et parfumée d'un soupçon
bien calculé d'ail, fort différente de ces cuisses à
l'assaisonnement explosif goûtées des années auparavant.

Je terminai la première cuisse et la reposai,
conscient du regard attentif de mon voisin.

— Non, non, dit-il. Il faut sucer l'os ! Il porta
une main à ses lèvres et en rapprochant les doigts
pour former un bouquet. Un régal !

Quand je revins par les rues de Vittel, impossible
d'échapper à la grenouille. Elle était là, accroupie
dans les vitrines, sculptée dans du massepain ou du
chocolat dans les pâtisseries ; elle était la vedette de
tous les menus affichés devant les restaurants ; d'un

vert vif et couverte d'une fourrure incongrue, elle trônait en prix dans les stands de tir. Celle de la « grenouillade monstre » était haute d'un mètre et coiffée d'un haut-de-forme ; elle brandissait une bouteille et rayonnait à travers la salle au-dessus d'un épais nuage de fumée de cigarettes. Je n'aurais pas été surpris de la rencontrer, désinvolte et soulagée, jusque dans les toilettes publiques. Mais les murs carrelés n'étaient décorés d'aucune affiche humoristique, peut-être parce que le transit intestinal des curistes n'est pas à Vittel un sujet de plaisanterie.

Dans la ville cette nuit-là des uniformes patrouillaient ; il ne s'agissait pas de détachements de gendarmes veillant au bon déroulement des festivités, mais plus simplement d'un peloton de vendeurs de Pastis 51. Identifiables à leurs blousons rouges et à la joyeuse diligence avec laquelle ils maniaient la bouteille, ils proposaient des dégustations : une petite goutte offerte à toute personne temporairement lassée de la bière ou du riesling. Un homme exagérément désaltéré par un certain nombre de petites gouttes était planté sur le seuil d'un bar, il réclamait vigoureusement un accordéon pour pouvoir distraire les passants. Le patron de l'établissement riposta en augmentant le volume de son juke-box. Vexé, le candidat accordéoniste foudroya du regard la source du vacarme, alluma sa cigarette du côté du filtre et s'éloigna d'un pas incertain pour chercher ailleurs à satisfaire ses goûts artistiques.

Peu après minuit, la foule s'étant clairsemée, je regagnai mon hôtel. Penché à ma fenêtre, j'entendis les lointains échos de la musique foraine pousser un soupir électronique avant de s'arrêter. Le ciel nocturne était encourageant, assez clair pour espérer du beau temps. Une étoile esseulée se montrait et disparaissait derrière des traînées de nuages pareille au clignotement d'un néon céleste.

Vittel et ses visiteurs avaient de la chance. Le matin se leva sous le soleil et, quand j'arrivai au palais des Congrès juste avant neuf heures, il faisait presque chaud. Pendant que j'attendais dans la file pour m'inscrire, il me fut remis une liste des confréries apportant officiellement leur soutien fraternel aux cérémonies. Elles étaient cinquante-sept au total, venant de diverses régions de France, certaines portaient un nom qui imposait immédiatement le respect : les Chevaliers du Brie, les Compagnons de la Saucisse noire. Des frères du Portugal, de Suisse, de Belgique et de Hollande représentaient le reste de l'Europe — des Anglais, aucune trace.

Pourquoi de telles associations de bons vivants, fondées sur la dégustation de spécialités gastronomiques laissent-elles indifférents mes concitoyens ? Où sont les Compagnons du *Fish and Chips* ? L'Honorable Fraternité du Pudding du Yorkshire, le Grand Ordre du Cheddar ? Les Commandeurs du Bigorneau et du Buccin ? Les Amis de l'Anguille en Gelée ?

— Bonjour, dit une voix derrière moi. C'est vous, l'Anglais ?

J'avais finalement atteint le guichet d'inscription. Un homme élégamment vêtu, tournant vers moi un visage souriant, s'enquit de mes antécédents gastronomiques et me demanda d'apposer mon paraphe de futur confrère. Ces formalités remplies, il me désigna de la tête le bar à vin.

L'alcool au petit déjeuner est un plaisir dangereux. J'avais tenté l'expérience, quelques années auparavant, sur l'invitation du maire de Bouzy, un village de Champagne. Deux vins différents accompagnaient les plats et la politesse m'imposait de les goûter tous les deux. Frais et vivifiants, ils glissaient agréablement au fond du gosier malgré l'heure matinale et, vers neuf heures du matin, je baignais dans une brume heureuse. Le déjeuner — accompagné naturellement d'un supplément de vin — avait été servi juste à temps pour prévenir un retour à la sobriété ; j'avais terminé la journée dans le déshonneur en m'endormant au dîner. Depuis lors, je fais toujours de mon mieux pour m'en tenir au café le matin.

Les confrères accoudés au bar étaient encore en civil, à l'exception d'un labrador au poil blond, très chic et apparemment fort à l'aise dans un gilet bien coupé de satin bleu. Il montait la garde au pied d'un plateau de croissants, prêt à parer une chute éventuelle.

D'après son maître, le labrador était un habitué de ce genre d'événements, il siégeait à la confrérie pour la troisième fois. Je demandai s'il aimait les cuisses de grenouilles. « Monsieur, répondit son propriétaire, c'est un labrador. Il aime tout. »

Mes futurs confrères commencèrent à se diriger vers les vestiaires. Des êtres humains y entrèrent. Des paons en ressortirent.

Le contingent de grenouilles arborait des chapeaux et des capes d'un vert grenouille des plus vifs, liséré de jaune. Et c'était là une des tenues les plus sobres. Je vis des capes ornées d'argent et d'hermine, des capes de soie, de velours. Des décorations officielles bringuebalaient au vent, des grappes de lourdes médailles tintaient en rebondissant sur le sternum de ceux qui les arboraient. Les coiffures. Mon Dieu, quelles coiffures ! Grands bérets de troubadours, tricornes, feutres de coupe médiévale d'où jaillissaient de grandes plumes plongeantes et chapeaux de paille. De cet inventaire se distinguait une création d'une étonnante frivolité, tenant plus d'un rire que d'une coiffure : deux petits coussins de peluche rose fixés à un bandeau violet. Son propriétaire (qui dans la vie réelle était sans doute un juge hautement respectable ou un inspecteur des impôts) portait également un manteau violet, une culotte bouffante de style élisabéthain et des collants. Étant donné l'ambiance de

la matinée et la variété des trouvailles vestimen-
taires, cette extraordinaire apparition passa tout à
fait inaperçue.

Après une ultime gorgée de riesling et un dernier ajustement de l'inclinaison d'un chapeau ou
du drapé d'une cape, les confrères assemblés sortirent par rangs de trois pour les préliminaires de la
cérémonie. Il s'agissait d'un défilé traversant tout
Vittel pour retrouver le maire. Nous étions tous
invités à prendre un verre à la mairie, afin d'assurer
la continuité éthylique entre le vin du petit déjeuner et celui du déjeuner.

En tête de la procession s'avançait une fanfare,
petite mais bruyante, dont les cuivres étincelaient
sur le rouge et noir des uniformes. Elle était suivie
des majorettes de Vittel, encouragées dans leurs
pirouettes et leurs lancers de bâton par une capitaine vigilante, apparemment ex-pirouetteuse elle-
même, qui dispensait des conseils techniques :
« Haut les genoux ! »

Venaient ensuite les confrères. La préséance
étant donnée aux étrangers, je me trouvai en tête
du cortège, au milieu d'un groupe de Portugais, de
Belges et de Hollandais. Nous nous félicitions du
soleil, de l'heureux contraste avec certaines revues
d'antan, où la pluie avait provoqué la déroute des
coiffures et des heureuses dispositions. Le temps
aujourd'hui était parfait, ensoleillé sans être étouf-
fant, les accents de l'orphéon et l'entrain des majorettes soutenaient notre marche.

Nous devions offrir un fier spectacle, plumes et capes flottant au vent dans le tintement des médailles. Le labrador en gilet — arborant maintenant un bonnet assorti — fut vigoureusement applaudi par la foule. Nous parvenions à maintenir un pas cadencé dont n'auraient pas rougi les troupes de Napoléon.

C'est alors qu'éclata la « crise de bâton ». Une majorette tenta un lancer un peu ambitieux, son bâton lui échappa, s'envola et retomba parmi les spectateurs. Les majorettes s'arrêtèrent brusquement. Devant elles, la fanfare, n'ayant pas remarqué cette halte forcée, continuait. Derrière elle, le cortège des confrères se contracta comme un accordéon humain. Nous attendîmes la récupération du bâton, une pause juste assez longue pour permettre à mon voisin de la confrérie de dévisser sa canne de cérémonie et de m'en tendre le pommeau. « Vous aimez le pastis ? demanda-t-il en remplissant le récipient à ras bord. Je le fais moi-même. » Les majorettes se remettant en formation, le pommeau fut prestement passé, vidé et revissé. Nous repartîmes, au pas de gymnastique cette fois, pour rattraper la fanfare qui avait pris du champ.

Un ruban tendu en travers de la rue marquait le terme du défilé, M. le Maire attendait de l'autre côté, prêt à dégainer sourires et ciseaux. L'orphéon attaqua un air triomphal, les appareils photographiques crépitèrent lorsqu'on coupa le ruban. Le moment crucial était venu : l'initiation des nouveaux dégustateurs de cuisses.

La salle de mairie embaumait les cuisses de grenouilles fraîchement rôties, mon confrère le labrador s'arrêta pour humer l'air d'une truffe songeuse en franchissant la porte. Parfaitement à l'aise avec son bonnet et son gilet, il salua poliment de la queue ses voisins en prenant place au premier rang, réservé aux personnages de marque.

Sur l'estrade, M. Roussel, le maître de cérémonie, procédait aux derniers réglages du micro, tandis que les dignitaires de l'ordre s'alignaient derrière lui aux côtés du président, M. Loisant. Les visages étaient sérieux, comme il convenait à la solennité du moment. Lorsque Roussel prit la parole, les spectateurs firent de leur mieux pour garder un silence frémissant.

La gravité fit long feu. Roussel fit successivement monter auprès de lui ses victimes pour évoquer leur passé et leurs exploits, leurs sottises et leurs manies, voire leurs particularités physiques (en insistant tout particulièrement sur l'aspect de leurs cuisses). Les novices étaient priés de déguster un petit plat de cuisses de grenouilles, boire un verre de chardonnay et jurer fidélité à la grenouille avant de recevoir leur médaille et de retrouver une obscurité bienvenue au fond de la scène.

Une heure environ s'écoula, ne restait plus à introniser que moi-même et le labrador. Celui-ci se comporta en professionnel avec l'aplomb d'un chien ayant déjà par deux fois connu de tels honneurs. Il grimpa sur l'estrade et expédia en deux bouchées ses cuisses de grenouilles. Seul le dédain manifesté à l'égard du chardonnay vint brièvement jeter une ombre sur sa prestation. Mon tour arriva. Je me sentais ridicule dans mon petit costume de flanelle parmi ce déploiement de robes et de coiffes chatoyantes. Même le labrador était mieux habillé pour la circonstance.

Roussel ne me maltraita pas : sans doute n'avait-il rien pu découvrir de vraiment compromettant sur ma personne. Ma nationalité en revanche lui fournit largement de quoi étoffer son discours, les Français et les Anglais se plaisant à échanger les uns sur les autres des propos épouvantables depuis des siècles. Curieusement, d'ailleurs, ces reproches sont comparables. Chacun accuse l'autre d'être arrogant, emmerdeur et chauvin, avant de conclure sur ses habitudes alimentaires barbares. D'après les Français, les Anglais sont insensibles et indignes de confiance. Les Anglais prétendent que les Français sont soupe au lait et indignes de confiance. Mais, comme le dit Roussel, nous sommes toujours exigeants avec nos proches. Le maître de cérémonie se contenta donc de taper sur les doigts de celui qui avait jusqu'à l'âge mûr ignoré une des perles de la gastronomie française : la grenouille.

Je dégustai mes cuisses, je bus mon chardonnay, puis je penchai la tête pour recevoir ma médaille. J'étais désormais membre officiel de la Confrérie

des Taste-Cuisses de Grenouilles de Vittel, la première à m'admettre depuis l'âge de onze ans,
quand j'avais dû quitter les boy-scouts dans des
rumeurs de scandale après un conflit personnel
avec Loup Bondissant.

Comme si les petits verres de la matinée n'avaient
pas suffi, le moment était arrivé de trinquer avec le
maire. Cette fois, personne ne tenta de s'y rendre en
formation ordonnée. Les spectateurs, n'ayant pas eu
sur scène leur ration de chardonnay, piaffaient d'impatience à l'idée d'humecter leur gosier assoiffé par
la poussière de tous ces discours. M. le Maire, soutenu par les partisans du Pastis 51 en blouson rouge,
nous reçut toutes bouteilles ouvertes.

Il fallut quelque temps à ceux d'entre nous qui
avaient d'un pas incertain regagné le palais des
Congrès où devait être servi le déjeuner pour
comprendre qu'un drame avait eu lieu. Mais, tandis
que chacun cherchait sa place et réfléchissait au
choix d'un apéritif, il devint évident qu'un certain
trouble régnait sur l'assistance. Des conversations à
voix basse s'échangeaient dans les coins et bien des
convives jetaient des coups d'œil furtifs à leur
montre. Les serveuses furent empêchées de fondre
sur nous avec le premier plat. En inspectant la salle,
je vis une seule place inoccupée. Loisant, notre
dégustateur de cuisses en chef et estimé président,
n'était pas là.

Qu'avait-il pu lui arriver pendant le trajet depuis

la mairie ? Rumeurs et hypothèses couraient de table en table avec la rapidité d'un feu de broussailles, mais rien ne nous préparait au spectacle de son arrivée. Il franchit la porte, avec l'air d'un homme n'ayant pas eu le dessus dans une discussion avec un marteau, le front meurtri et contusionné, son œil droit gonflé et à demi fermé, des points de suture bien visibles sur sa peau blême.

Le président toutefois n'avait en rien perdu son sens de l'humour et, venant s'installer à la place d'honneur, il expliqua avoir été blessé dans l'exercice de ses fonctions. En sortant de la mairie, il était tombé dans une embuscade tendue par « un perfide escargot » qui l'attendait sur une des marches. Il se souvenait d'avoir entendu deux craquements, l'un quand son pied avait écrasé l'escargot puis dérapé sur la coquille, l'autre lorsque sa tête avait heurté la pierre. Mais après un passage à l'hôpital pour un urgent rafistolage, il nous rassura sur son état et son appétit.

— J'ai entendu dire, affirma la dame assise à ma gauche, que, bien que la grenouille ne soit guère populaire dans votre pays, les Anglais ont un penchant marqué pour les crapauds. (Elle frissonna.) Comment peut-on manger ces bêtes-là ?

Cette réflexion mit un terme à toute autre conversation à notre bout de la table. Les têtes se tournant vers moi, je m'efforçai de décrire la seule recette de crapauds dont j'avais entendu parler — le crapaud dans le trou — une redoutable préparation goûtée une ou deux fois dans ma jeunesse. D'après mes souvenirs confus, on dissimulait une grosse boule de chair à saucisse sous une épaisse pâte caoutchouteuse avant de faire cuire le tout sans merci. Le résultat n'était pas sans rappeler le Yorkshire pudding : lourd, bourratif et parfaitement indigeste.

— Ah, dit la dame, il ne s'agit donc pas d'un véritable crapaud.

— Non, dis-je, un véritable crapaud aurait sans doute meilleur goût.

— Ce n'est pas non plus à proprement parler un trou.

— Malheureusement non.

Elle secoua la tête à l'évocation des particularités de la cuisine traditionnelle anglaise et se replongea dans l'étude du menu. Pour l'occasion, celui-ci ne se contentait pas de présenter la liste des plats, il offrait aussi une nourriture intellectuelle, un poème spécialement composé par Roussel, *Ode à Mesdames les Grenouilles*. D'un ton résolument pince-sans-rire, cette romance printanière du prince charmant et de la « tendre grenouille de nos étangs » commençait gaiement, mais s'assombrissait inévitablement lorsque notre héroïne, enfermée dans la cuisine, comprenait les tristes desseins de son amant. Heureusement, tout finissait pour le mieux : la grenouille, en faisant les délices du prince, devenait « la reine de nos assiettes ». Maigre consolation.

Dans la véritable version de la légende de la grenouille, le malheureux prince charmant connut lui aussi des jours difficiles. Il était une fois, à en croire le conte, une belle princesse rencontra une grenouille au bord d'un étang. La grenouille dit à la princesse : « J'étais jadis un prince jeune et beau, jusqu'à ce qu'une méchante sorcière me jette un sort. Mais un baiser de vous et je redeviendrai un prince. Nous pourrons alors nous marier et nous installer au château avec ma mère. Vous pourrez préparer mes repas, brosser mes vêtements, faire le ménage, me donner des enfants, faire à dîner à mes amis et vivre heureuse à tout jamais. Un seul baiser et tout cela se réalisera. » Ce soir-là au dîner, la princesse souriait toute seule. Tu peux toujours attendre ! songea-t-elle en s'attaquant à un plat de cuisses de grenouilles.

Le vin coulait, les conversations allaient bon train, les plats se succédaient et j'assistais à une démonstration du génie français pour le marathon gastronomique, cette faculté de passer aussi longtemps à table que d'autres à regarder la télévision. Je suis toujours impressionné par l'appétit des Français, tout comme par leur faculté d'absorber d'énormes quantités d'alcool sans tomber le nez dans le fromage. L'incessant ruissellement de vin est certes à l'origine de quelques teints congestionnés et de cols déboutonnés, de voix plus fortes et de plaisanteries plus gaillardes, mais jamais je n'ai constaté de comportement déplaisant ni agressif. Le secret ? Des années de pratique.

Là-dessus, les accordéonistes jouèrent quelques mesures d'échauffement ; Loisant et Roussel le poète se levèrent de table pour prendre position au bord de la piste de danse. On repoussa les chaises, emplit les verres et brancha le micro. L'heure de vérité du concours des cuisses les plus délectables de Vittel était venue.

Pour avoir une petite chance d'être élues, les cuisses de Miss Grenouille devaient être aussi appétissantes que celles des batraciens : longues, mais non décharnées, bien galbées mais non grasses. La nuance et la consistance étaient d'une importance capitale et les juges ne devaient pas se laisser influencer par quelque tatouage ou autres enjolivures à la mode. La courbe lisse et sans tache était particulièrement recherchée et l'air assuré du président laissait deviner qu'on avait déjà trouvé des échantillons exemplaires.

« Mesdames, Messieurs ! » Roussel avait toute notre attention. Malgré la difficulté de trouver des rimes au mot *cuisse,* je m'attendais presque à le voir déclamer des vers. Il se borna à une brève introduction, puis un vibrant roulement de tambour annonça Miss Grenouille en personne. Une délicieuse jeune femme, souriante et toute rose sous les applaudissements, traversa la salle en trébuchant et reçut un énorme bouquet des mains du président. Hélas, les cuisses victorieuses, enchâssées dans un pantalon noir moulant de toréador, étaient plus évoquées que révélées. Je crois avoir entendu un ou deux murmures de connaisseurs déçus.

Mais foin des grenouilles et des cuisses. L'heure était à la danse. Les Français la prennent au sérieux — et notamment le paso doble. Ce pas imposant, situé quelque part entre le fox-trot et le tango, est particulièrement apprécié parce qu'il permet d'éloquents mouvements du torse et de la tête. D'abord trois ou quatre pas glissant dans une direction, puis — une torsion du buste, un haussement d'épaules à peine esquissé et éventuellement un petit coup de talon — le danseur change de cap. Les mouvements sont sans heurts et sans hâte ; la tête est haute, le dos droit comme une règle et les coudes pointés à angle droit. Les aînés lèvent le petit doigt de la main gauche en imposant à leur partenaire des zigzags raffinés à travers le parquet.

Ainsi l'après-midi se fondit dans la soirée et le déjeuner déborda sur le dîner. Nous avions fièrement et dignement rendu hommage à la grenouille.

Le lendemain matin, il ne restait guère de traces du grand week-end des batraciens. Les manèges et les stands de tir avaient disparu, le pastis gratuit avait cessé de couler à flots, les restaurants rectifiaient leurs menus. Miss Grenouille avait repris son travail, la blessure du président se cicatrisait sans dommage, les membres de la confrérie étaient rentrés chez eux et les bicyclettes jaunes sillonnaient posément les allées du parc. Vittel avait retrouvé la paix.

Aristocrates aux pieds bleus

Depuis quelques années, nous portons un intérêt grandissant aux substances qu'absorbe quotidiennement notre estomac — provenance, composition, nocivité, répercussions sur l'organisme... Nos producteurs et fournisseurs ont réagi en conséquence : nous sommes inondés de renseignements et d'analyses concernant notre alimentation, de garanties de qualité, de certificats diététiques, d'enquêtes de traçabilité. Des labels sont apposés sur tout produit comestible, de ces indigestes étiquettes collées sur les pommes et les poires jusqu'aux textes très documentés imprimés au dos des paquets de céréales.

Certaines de ces notes destinées à éclairer notre lanterne ne diminuent toutefois en rien les appréhensions et les soupçons de l'innocent consommateur. Ainsi, le vin dont nous avons appris qu'il ne doit pas être consommé par des femmes enceintes, conduisant de surcroît de lourdes machines, a récemment révélé, du moins en Amérique, un sombre secret de fabrication : les sulfates.

À en croire mon dictionnaire, les sulfates sont des sels ou des esters d'acide sulfurique pouvant, chez des sujets sensibles, provoquer de graves réactions allergiques. Dès 1986, la *Food and Drug Administration* en a interdit l'usage comme conservateur de fruits et de légumes. Pourtant, ces sulfates continuent de danser effrontément dans notre chardonnay. Mais je vous rassure, boire un verre ou deux par jour n'en demeure pas moins bénéfique.

Bien peu de sujets échappent aujourd'hui à cette passion de la divulgation. Bientôt les restaurants suivront la tendance et passeront aux aveux : steak de premier choix rehaussé d'hormones de ferme ; haricots verts et petits pois génétiquement modifiés dans l'air pur de Dieu ; gigot rôti cloné avec soin ; côtelettes de veau aux savoureux zestes de stéroïdes. Tout cela accommodé dans les conditions d'hygiène les plus strictes par des chefs arborant gants de caoutchouc et masques de chirurgien. Ainsi nous vivons plus vieux — et plus tristes.

Cet intérêt croissant pour notre alimentation influence de façon non négligeable notre comportement social. La *Smithsonian Institution* a dû renoncer à servir du foie gras lors d'un dîner de gala en raison des protestations concernant la façon de gaver les canards et les oies. Un autre volatile, consommé quotidiennement par des millions de gens, est élevé dans un mystère soigneusement entretenu : le poulet.

Dans bien des pays, le poulet est un produit à la réputation enviable : fade, passe-partout, facile à préparer ; un aliment de malade, aussi anodin qu'un légume, une saine récréation de la lourde viande rouge. Mais cette popularité est en péril si l'on considère les méthodes d'élevage pratiquées sur certaines de ces infortunées créatures. Lisez plutôt l'édifiante description d'André Giovanni, rédacteur en chef d'un magazine de santé français : « Entassés dans des batteries, nourris de farines animales polluées, bourrés d'antibiotiques, le bec tranché, les poulets passent leur vie sans jamais voir la lumière du jour. »

Ces conditions barbares sont d'un excellent rendement : un seul homme peut surveiller un élevage de 280 000 poulets par an (contre seulement 25 000 en utilisant des méthodes plus tendres). À n'en pas douter, ce régime abominable existe en France comme dans le reste du monde civilisé. Mais en France, il existe un choix — ou, plutôt, une gamme de choix — qui permet aux poulets de mener une vie meilleure et au consommateur d'avoir un poulet plus savoureux.

Tout en bas de la hiérarchie se trouve le bon vieux poulet de ferme élevé en plein air et nourri au grain. Le poulet biologique ou organique jouit quant à lui d'un régime contrôlé, garanti libre de tout ajout chimique. Au sommet, le fin du fin du poulet, le seul à posséder sa propre appellation contrôlée, le poulet de Bresse.

Je dois sa découverte à mon ami Régis, qui m'initie depuis quelques années maintenant aux délices de la table française. Mais ses leçons sur le poulet de Bresse — entrecoupées de gémissements de plaisir à l'évocation d'un festin passé — ont toujours laissé de côté les détails de l'élevage pour se concentrer sur la saveur, « si raffinée, délicate, exquise, si typiquement française ». Aussi, à l'approche des Glorieuses, l'événement le plus important de la vie des poulets, je le persuadai de m'accompagner à Bourg-en-Bresse.

La zone du poulet d'élite de Bresse, située à quatre-vingts kilomètres au nord de Lyon, forme un rectangle d'environ cent kilomètres de long sur quarante de large. Elle est bordée à l'ouest par les fameux vignobles de Bourgogne. En apercevant les panneaux annonçant Fleurie, Juliénas et Mâcon, Régis commença à s'agiter.

— Je connais non loin d'ici quelques merveilleuses adresses que nous pourrions essayer.

Il tapota le tableau de bord puis se mit à fredonner de son aimable voix de baryton en attendant ma réponse.

Je l'avais déjà entendu chantonner ainsi. Cela le prend dès qu'il consulte un menu ou une carte des vins. De toute évidence, il existe une connexion directe entre ses cordes vocales et son estomac. Sa petite musique, aussi précise que le bip d'un radar, signale la présence dans les environs d'une délectation à ne pas manquer.

Ma montre indiquait dix heures trente.

— Un peu tôt pour déjeuner, vous ne trouvez pas ?

— Du vin, mon vieux, du vin, dit-il en tournant vers moi un visage innocent. Nous pourrions faire un crochet par Chiroubles et faire le plein de beaujolais dans la voiture. Un petit détour, rien de plus. (Il resta un moment songeur.) Et l'auberge de Fleurie est sur notre route. (Il jeta un coup d'œil à la carte étalée sur ses genoux et feignit la surprise.) À cette allure, nous y serons vers treize heures. Quelle chance !

— Eh bien, nous pourrions peut-être nous arrêter au retour. Je ne voudrais pas manquer les poulets.

Régis émit un profond soupir, une autre de ses spécialités.

— L'ennui avec vous autres Anglais, c'est votre répugnance à profiter de la vie, votre défiance à l'égard du plaisir. Quoi de plus agréable qu'une dégustation suivie d'une petite collation ?

Il se remit à fredonner. Je ne relevai pas ces critiques visant mes compatriotes.

— Régis, vous oubliez que je vous connais.

— Et alors ?

— Voilà des années que vous n'avez pas pris « une petite collation ». Nous allons sortir du restaurant en titubant à trois heures et demie en cherchant un endroit où faire la sieste. Nous sommes censés faire un voyage d'études. Nous sommes ici pour voir des poulets.

— Peuh ! fit Régis en retombant dans un silence boudeur jusqu'à Bourg-en-Bresse.

La plus grande foire aux poulets du monde se tenait au parc des Expositions, à la sortie de la ville. Un complexe moderne de pavillons entouré de vastes parkings, manifestement conçu pour des congrès ou des foires commerciales exposant les derniers modèles de moissonneuses-batteuses. Loin des prés verdoyants de la campagne, le site me paraissait incongru pour des fermiers et de la volaille.

À l'accueil, une serviable secrétaire nous renseigna sur le programme de la foire.

— Et les poulets, madame ? Quand peut-on s'attendre à voir des poulets ? demanda Régis.

— Les poulets seront exposés dans les halls, demain entre quatre heures trente et sept heures du matin. Le jury se réunit à six heures trente et commencera à juger à sept heures. Les portes seront ouvertes au public à dix heures alors, monsieur, vous verrez vos poulets.

— Ah bon ! fit Régis en me regardant froidement. Dix heures demain matin avant de pouvoir voir des poulets. Merci, madame.

J'ai connu des après-midi plus joyeux que celui-ci. Mon compagnon était l'incarnation même du ressentiment, le déjeuner manqué — le déjeuner « inutilement » manqué — se dressait entre nous comme un tiers indésirable. Pour distraire Régis de ses rêves de bonne chère, je l'emmenai voir une curiosité locale à la sortie de la ville, l'église de Brou, une merveille d'architecture gothique du XVIᵉ siècle. Un très faible fredonnement m'indiqua la proximité d'un restaurant. Nous traversâmes la rue pour examiner le menu de l'*Auberge bressane*. J'estimai le moment venu de faire amende honorable.

— Je suis désolé pour ce matin, dis-je. Mauvaise organisation. Pour me faire pardonner, je vous invite à dîner ce soir.

Régis fit semblant de ne pas avoir entendu.

— Voyons, pour commencer les cuisses de grenouilles sont recommandées. (Il se remit à fredonner, un peu plus fort ; les choses s'arrangeaient.) Ce serait intéressant de comparer leur goût à celui des poulets : quand on est en Bresse, il faut manger du poulet, vous ne croyez pas ?

Tout semblait désormais oublié. Nous passâmes la fin de l'après-midi à explorer Bourg-en-Bresse. J'étais d'avis d'acheter un poulet, mais Régis me conseilla d'attendre le lendemain où, s'était-il laissé dire, nous trouverions en abondance des volailles de choix.

Nous allâmes donc acheter des cartes postales, découvrant combien Bourg-en-Bresse prend au sérieux son rôle de capitale mondiale du poulet. De Miami à Monte-Carlo, le choix de cartes postales se limite à une vue panoramique de six fesses aux formes parfaites et au bronzage sans défaut, appartenant à trois jeunes personnes vêtues de strings des plus réduits, semblant regretter notre absence. Voilà qui change sans doute des paysages plus traditionnels, mais ne rend guère l'âme véritable d'un lieu (à l'exception peut-être de Miami). Ici, rien de tel : le visiteur expédiera à sa famille une carte postale de volailles. La plus courue est une illustration fidèle de trois superbes spécimens aux couleurs vives — un bleu, un blanc et un rouge — au pied d'un panneau rappelant que les poulets de Bresse bénéficient d'une Appellation d'Origine Contrôlée, une distinction à laquelle même les trois jeunes personnes bien roulées ne pourraient prétendre.

L'AOC instituée en 1957 conféra au poulet de Bresse une renommée mondiale et ce près de quatre cents ans après la mention, retrouvée dans les archives régionales, de la « belle notoriété » de la volaille bressane.

Les critères de l'appellation sont extrêmement sévères. Tout poulet digne de ce nom doit avant tout afficher fièrement son patriotisme :

— Les pattes bleues : pas n'importe quel bleu,

les pattes doivent avoir l'éclat pâle de l'acier bleu. Sur la patte gauche, le poulet portera une bague d'aluminium indiquant le nom et l'adresse de son éleveur.

— Un plumage entièrement blanc, la moindre plume marron étant proscrite.

— Une crête rouge vif. Dans le cas du coquelet, les viriles indentations de la crête devront être bien développées.

Outre cet ensemble bleu, blanc, rouge, la volaille doit avoir la peau fine, l'ossature délicate et, selon la terminologie officielle, la chair onctueuse. (La Bresse regorge donc d'hommes dont la spécialité est de juger l'onctuosité des chairs...) Le poids minimum est également réglementé : 1,500 kg pour le poulet standard, 2,100 kg pour la poularde et 3,800 kg pour le chapon.

Ces informations, tirées du dossier de présentation de la foire, eurent un effet revigorant sur l'humeur de mon ami.

— Vous voyez, répétait Régis, conforté dans son chauvinisme, tous ces soins, cette attention aux détails, ce raffinement... Existe-t-il rien de pareil en Angleterre ? en Amérique ? Bien sûr que non !

J'imagine volontiers que bien des gens se lasseraient vite de l'implacable esprit cocardier de Régis, mais j'aime son enthousiasme, même nourri de préjugés. Il allie la passion, les connaissances et la gourmandise ; personne n'estime comme lui le degré de fermentation correcte d'un fromage ou la température idéale d'un plat de tripes. Son rejet des produits considérés par lui comme inférieurs et de la mauvaise cuisine (c'est-à-dire tout ce qui n'est pas français) a un côté inventif et souvent amusant. Il faut l'entendre dénoncer le cheeseburger ou la façon dont les Anglais accommodent les choux de Bruxelles. Il ferait un critique gastronomique d'une admirable férocité. Mais ce soir-là, au restaurant, après deux coupes de champagne, son humeur s'était nettement améliorée, et ce fut un Régis résolument fredonnant qui prit place en face de moi.

L'Auberge bressane se situe dans le haut de l'échelle qui va du simple bistrot aux établissements étoilés par le guide Michelin. L'éclairage est tamisé, le linge de table moelleux, l'ambiance agréable et détendue ; le client peut ôter sa veste et glisser sa serviette dans son col de chemise sans craindre le reniflement dédaigneux ou le sévère haussement de sourcils d'un maître d'hôtel trop pointilleux.

Après quelques minutes d'une aimable indécision, nous choisîmes tous deux les mêmes plats : cuisses de grenouilles et poulet, arrosés de bourgognes blanc et rouge en provenance de l'autre côté de la route. Quand arrivèrent les bouteilles, aucune mise en garde ne nous prévenait de la présence de sulfates. J'en fis la remarque.

— Seigneur, non, protesta Régis. Pas en France. Pas en Bourgogne. Cela dit, nous ignorons ce que la loi précise quant aux recommandations à ajouter pour les expéditions en Amérique. (Il leva son verre à la lumière et examina le reflet pâle du meursault.) Je me rappelle... (Il roula sur son palais une gorgée de vin avant de plonger la main dans sa poche.) J'ai découpé cela pour vous. C'est un signe des temps.

C'était une publicité. Un homme grisonnant en typique tenue de cow-boy — chemise à carreaux, grand chapeau, rides bien dessinées — faisait observer que les McDonald's servaient désormais du poulet français. La parution de cette annonce arrivait à point nommé, pendant les scandales du poulet belge à la dioxine et de la vache folle, britannique et perfide. Bref, les temps étaient durs pour les compatriotes de Brillat-Savarin et d'Escoffier et il fallait redoubler de vigilance à l'égard des fourbes étrangers qui cherchaient à refiler des aliments suspects à des consommateurs français trop confiants. Le cow-boy était là pour répéter aux accros du McDo que les Américains se pliaient enfin aux exigences de la cuisine française.

Je demandai à Régis s'il était jamais allé chez McDonald's. Il me regarda comme si j'avais perdu l'esprit.

— Moi ? fit-il. C'est un principe. Savez-vous quel est le temps moyen d'un repas, là-bas ? Sept minutes et demie ! Et ils en sont fiers ! C'est un affront à la digestion. Non, vous ne me surprendrez jamais dans un tel endroit — même si, pour être juste, j'ai entendu dire du bien de leurs frites. (Je

84

vis son nez tressaillir et il tourna la tête.) Ah, voici les cuisses de grenouilles.

On disposa devant nous deux assiettes bien remplies dont le contenu grésillait encore, des rince-doigts et une corbeille de pain. Les petites cuisses aromatisées avaient été sautées à l'ail, puis saupoudrées de persil haché. Après avoir empli nos verres, notre jeune serveuse nous souhaita un bon appétit. Régis se pencha pour inhaler le fumet, saisit une cuisse du bout des doigts et l'inspecta.

— Les Anglais ne savent pas ce qu'ils manquent, déclara-t-il en dépouillant la chair de l'os avec ses dents. Ou bien ont-ils peur de la maladie de la grenouille folle ? (Il se tamponna la bouche avec sa serviette et hocha la tête.) Oui, ce doit être cela.

Avec l'assurance d'un digne membre de la Confrérie des Taste-Cuisses de grenouilles, je m'attaquai à ma première patte : moelleuse mais grillée à point, la saveur du persil filtrant à travers l'ail. Délicieux. Pourquoi les Anglais n'en mangent-ils pas ? Notre climat est pourtant idéal pour les grenouilles. Puis l'idée me vint d'une aversion peut-être naturelle à l'idée de manger des créatures visqueuses qui sautent ou qui rampent.

— Nous n'aimons pas trop les escargots non plus, dis-je.

— Ah, l'escargot, c'est différent, fit Régis en suçant un os d'un air songeur. Sa mission dans la vie est d'être le véhicule de l'ail : pas mauvais, dans son genre, mais loin de la finesse de la grenouille.

(Il essuya son assiette avec un morceau de pain, se rinça les doigts dans le petit bol et resservit le vin.) À votre avis, tous ces gens sont ici pour la foire ?

Je regardai la salle, espérant repérer des magnats de la volaille grâce aux plumes collées à leurs vêtements, mais la clientèle se composait d'un mélange bien français d'amis et de parents. Je fus une nouvelle fois frappé par le comportement des quelques enfants présents : pas de rouspétance, de colères, pas de caprices pour une nouvelle portion de glace. Leur patience m'a toujours laissé stupéfait ; pour un gamin de sept ans, les deux heures passées à table doivent paraître une éternité.

Comme d'habitude, Régis avait la réponse :

— Du vin coupé d'eau, voilà le secret. Ça calme bien les enfants. Puis c'est meilleur pour eux que toutes ces boissons gazeuses. Dès l'âge de sept ans, j'ai été élevé au côtes-du-rhône dilué et regardez-moi !

Il tourna vers moi un visage rayonnant, aux joues roses, aux yeux brillants. Dieu sait à quoi ressemblait son foie mais, extérieurement, Régis était l'image même de la bonne santé.

Le vin rouge, un côte-de-beaune de chez Jadot, examiné, humé, roulé dans le palais « pour interroger la bouteille », comme disait Régis, fut proclamé excellent. Nous vîmes alors notre poulet s'avancer, protégé des intempéries par de grands dômes d'argent que la serveuse retira au dernier moment dans un large geste.

— Messieurs... poulet de Bresse à la crème.

En souriant, elle regarda Régis se pencher sur son assiette et, par de petits battements encourageants de la main, pousser vers son visage la vapeur montant du poulet. Il resta un moment le nez baissé, respirant à pleins poumons, puis hocha la tête à deux ou trois reprises avant de lever les yeux vers la jeune femme.

— Mademoiselle, parlez-moi un peu de la recette. (Il brandit un index dans sa direction.) Pas le secret du chef, naturellement, juste les ingrédients principaux.

— Eh bien, on met d'abord les blancs de poulet et les cuisses dans la cocotte beurrée, avec un gros oignon coupé en quartiers, une douzaine de champignons émincés, deux gousses d'ail en chemise écrasées et un bouquet garni. Quand le poulet commence à dorer, on verse dans le récipient un grand verre de vin blanc qu'on fait réduire avant d'ajouter un demi-litre de crème fraîche. On laisse la volaille cuire trente minutes, on passe la sauce dans un tamis bien fin, on assaisonne à son goût, et voilà.

La serveuse repartit vers la cuisine : tout cela à l'entendre était aussi facile que la préparation d'un sandwich.

Ce poulet était un triomphe, nous en convînmes tous deux. Comme les cuisses de grenouilles, il était moelleux et tendre, presque fondant, mais avec un goût plus accentué, la chair aussi suave que la crème dans laquelle on l'avait fait cuire. Nous le dégustâmes au rythme du temps ancien — de l'avant McDonald's —, savourant chaque bouchée dans un silence religieux. Que Dieu bénisse le chef.

Notre serveuse vit nos deux assiettes parfaitement propres.

— Alors, il vous a plu, le poulet ?

Certainement. Nous lui demandâmes de transmettre nos félicitations au chef et, comme le bourgogne nous rendait d'humeur gracieuse, à tous ceux qui avaient participé à l'élaboration de ce festin.

— Et comparé aux cuisses de grenouilles ? demanda-t-elle.

Régis se carra sur son siège, tapota la table du bout des doigts tout en méditant une réponse appropriée.

— Voyez-vous, dit-il, c'est comme la différence entre un très bon vin et un grand cru.

La serveuse inclina la tête et haussa les épaules.

— C'est normal. Après tout, les poulets ont une appellation contrôlée. La grenouille, malgré toutes ses qualités, n'est toujours qu'une grenouille.

Elle débarrassa nos assiettes et proposa un petit bleu de Bresse pour finir le vin. Le fromage, assez fort et crémeux, enrobait le palais tout en faisant ressortir les qualités du vin. Régis, très en train, enfourcha un de ses nombreux dadas : le principe du bon produit au bon moment, au bon endroit. Les fraises à Noël, le sanglier en juin et toutes les autres délices exotiques autorisées en permanence par les méthodes modernes de conservation, il rejetait tout cela d'un large geste de son verre.

— C'est bon pour les supermarchés ! Mais le vrai gourmet (autrement dit le gourmet français) ne mange que ce qui est de saison. Et, s'il a de la chance, comme c'est notre cas ce soir, il savoure les spécialités du terroir sur leur lieu de production.

— C'est bel et bon, dis-je, mais encore faut-il que notre gourmet ait le temps et les ressources nécessaires pour faire le tour du pays guidé par son seul appétit.

Ce n'est qu'en finissant ma phrase que je compris que j'aurais dû me taire. Régis se pencha en avant, ses yeux brillaient à la lueur des chandelles.

— Voilà ! s'écria-t-il. Voilà ce que nous devrions faire : un tour de France gastronomique. Imaginez ces petits coins où l'on mange ce qu'il y a de meilleur au monde. Nous pourrions être là au bon moment pour les asperges, l'agneau de printemps, les huîtres...

Son visage arborait l'expression lointaine et rêveuse d'un homme envisageant un voyage imminent au paradis, il fallut lui offrir un verre de calvados pour le ramener sur terre. Une demi-heure plus tard, quand nous regagnâmes notre hôtel dans la froide nuit de décembre, il marmonnait encore quelques propos sur les langues d'alouette et les truffes.

Le lendemain matin vint l'heure de vérité des plus nobles volailles de France. À l'ouverture des portes du parc des Expositions, nous fûmes emportés par la première vague des visiteurs enthousiastes. Deux vastes espaces étaient consacrés à l'exposition : l'un était réservé aux vivants et l'autre aux morts. Attirés par les piaulements, nous nous dirigeâmes d'abord vers le pavillon des vivants.

Régis se frotta les mains à la vue des douzaines de tables à tréteaux où étaient disposés jambon fumé, saucissons, fromages, pain de campagne, pâtés ainsi qu'une sélection de vins s'étendant aussi loin au nord que le champagne et au sud que le châteauneuf, le vin jaune du Jura côtoyant le beaujolais et les bourgognes plus lourds.

Je l'éloignai d'un saucisson ballonné gros comme un biceps d'haltérophile pour l'entraîner vers l'enceinte chauffée réservée aux poussins. Visiblement excités par leur première apparition publique, ils se bousculaient et piaillaient assez fort pour noyer les borborygmes matinaux des haut-parleurs. Une série de pancartes plantées dans l'herbe artificielle nous renseignaient sur le confort de vie réservé à ces petites bêtes. Après cinq semaines passées dans des poussinières chauffées, on les lâchait en plein air où ils disposaient chacun de dix mètres carrés de pré ; ils y passaient de neuf à vingt-trois semaines à suivre un régime naturel (vers, insectes, petits mollusques) complété par du maïs, du blé et du lait. Après ces mois dans les champs venait une période d'engraissage durant laquelle deux solides repas par jour leur étaient servis dans de spacieuses cages en bois. C'était là apparemment le secret de l'onctuosité de leur chair.

Nous pûmes admirer dans un enclos voisin les résultats de cette éducation privilégiée. Je compris alors qu'un poulet pouvait être élégant : un plumage du blanc immaculé de la neige fraîche, une crête d'un rouge vif, de petits yeux brillants et ces pattes bleues d'aristocrate. La démarche des poulets que nous admirions était posée et majestueuse ; ils s'arrêtaient entre deux pas, une patte en l'air. Chaque volatile portait à la cheville gauche la bague d'aluminium frappée du nom et de l'adresse de l'éleveur. Jamais un poulet de Bresse ne connaîtra le confort de l'anonymat...

Là-dessus, je découvris que les poulets n'étaient pas seuls. Une demi-douzaine de dindes, superbes bêtes au plumage noir, hautes d'un mètre, exprimaient leurs doléances par de curieux jappements — sans doute en raison de la déplaisante proximité de Noël. Leurs caroncules frémissaient d'indignation chaque fois qu'elles donnaient de la voix. Il ne leur manquait plus que des colliers de perles pour ressembler à des duchesses douairières déplorant la triste décadence de la Chambre des lords.

Je partis à la recherche de Régis, disparu dans la foule. Certains des fermiers et des éleveurs de poulets, des fromagers et des vignerons portaient costume et cravate, mais leurs carcasses semblaient regretter la bonne vieille salopette. On rencontrait aussi d'élégants visiteurs : des femmes pomponnées, en tailleur tweed et bijoux rustiques rougeoyant sous le maquillage, aux chaussures bien cirées, avec un petit chapeau au ruban orné d'une plume de faisan. Et puis, sortis tout droit d'une gravure du XIXe siècle, un groupe de villageois en costume bressan traditionnel, avec gilet, culotte, longue robe, bonnet et sabots.

Ils ajustèrent leurs bonnets et accordèrent de drôles de raquettes de tennis acoustiques. Les couples de danseurs tournaient sur place en un menuet rustique, ponctué de cris aigus et de claquements de sabots. Je me souvenais vaguement d'une danse des années 60, le *funky chicken* ; ce menuet en était, c'est sûr, la version originale.

— Ah, vous voilà ! cria Régis, accoudé à un comptoir, un verre dans une main et une rondelle de saucisson dans l'autre. Je commençais à m'inquiéter. Je vous croyais enlevé par une de ces dindes. De vrais monstres, n'est-ce pas ? Tenez, prenez donc un verre de vin pour vous remettre. (Il me posa une main sur le bras.) Et, au nom du ciel, ne regardez pas tout le temps votre montre. Vous n'êtes pas en Angleterre.

C'est plus fort que moi, même après tant d'années. C'est le réflexe coupable des Anglais, datant de l'époque des lois sur les débits de boissons, où les pubs avaient des heures d'ouverture limitées et

où il n'était permis de boire que si le gouverne-
ment le jugeait bon.

— D'accord, mais juste un seul, dis-je.

En secouant la tête, Régis fit glisser sur le comptoir un verre de beaujolais et nous bûmes quelques
instants en silence tout en observant la foule.

Les danseurs en sabots, le visage coloré par leurs
efforts, marquaient une pause. Sur une estrade
dressée au centre du pavillon, les jurys d'amateurs
de poulet se relayaient au micro, discutant plumage, onctuosité de la chair et nous rappelant que
le vainqueur du grand prix recevrait un vase en
porcelaine de Sèvres offert par le président de la
République. En échange, le président recevrait un
chapon, certainement décoré, d'après Régis, de la
Légion d'honneur, à titre posthume naturellement.

— Et pourquoi pas ? lança Régis. Jerry Lewis l'a
bien eue...

Des signes avant-coureurs annonçaient que Régis
s'était installé au bar pour le reste de la matinée :
son coude était bien calé sur le comptoir, sa main
pleine d'espoir se tendait vers la bouteille de beaujolais. Si nous voulions voir le reste de l'exposition,
c'était maintenant ou jamais. Non sans un soupir
de regret, il se laissa entraîner vers le pavillon des
morts.

Un spectacle étonnant. En rangées bien ordon-
nées, des corps immaculés — plus d'un millier,
nous fut-il précisé — étaient exposés sur des tables
d'un bout à l'autre de la salle. Les visiteurs défi-

laient à pas lents, comme à une cérémonie funèbre, commentant d'une voix étouffée et respectueuse le soin et le talent ayant présidé à cette présentation.

Chaque poulet avait son linceul tissé dans une fine mousseline blanche. Les pattes repliées sous le ventre, les tissus étroitement cousus donnaient au corps l'aspect d'un coussin ovale bien lisse ; un coussin un peu particulier, avec un cou et une tête. Les plumes du cou formaient une belle fraise neigeuse. Ces œuvres d'art — car il s'agissait bien de cela — reposaient chacune sur un petit oreiller blanc.

La décoration des volatiles variait en fonction du sexe et du statut racial. Les poulets portaient de minces rubans rose pâle, avec un petit nœud ; les chapons, du bleu ; les dindes, une ceinture cramoisie plus large. Tous arboraient les médailles bleu, blanc, rouge de la Bresse. Aucune momie de l'ancienne Égypte n'aurait pu être aussi élégamment préparée pour l'au-delà. J'avais du mal à imaginer que ces chefs-d'œuvre allaient finir à la cocotte.

Devant une table plus petite, dressée à part, une dame aux cheveux d'argent, aux doigts d'une étonnante dextérité, enseignait les détails de la dernière toilette. En cousant son poulet d'une main ferme, elle précisa que la couture devait ressembler à un corset lacé ou éventuellement — si l'on était peu familier de ce genre de laçage — à une ligne de points de croix. Son travail de couture terminé, elle plongea son poulet dans l'eau froide. Cette opération, nous confia-t-elle, a pour effet de rétrécir le fil de coton et ainsi d'enserrer parfaitement le corps dans ces liens ; un petit détail qui améliore considérablement la texture de la peau. Je m'émerveillai une nouvelle fois devant l'attention déployée par les Français au service de leur estomac.

Comme nous rentrions de Bourg-en-Bresse, Régis ne put se retenir de conclure que les Français une fois de plus démontraient leur suprématie. Quelle chance j'avais, moi, simple étranger, de vivre dans un pays choisi par Dieu !

Le moment me parut opportun de lui rappeler une légende qui avait échappé à la censure française.

D'après cette fable, les bienfaits dont jouissait la France exacerbaient les rancœurs de ses voisins. Pour en finir, jaloux d'un pays aussi privilégié, les Européens se rassemblèrent dans un rare élan d'unité et décidèrent d'envoyer des représentants protester auprès de Dieu.

« Vous avez donné à la France le meilleur, déclarèrent-ils. La Méditerranée, l'Atlantique, des montagnes et des vallées fertiles, le soleil méridional, les romanesques hivers du Nord, une langue d'une grâce sans pareille, une cuisine regorgeant du beurre le plus délicat et de l'huile d'olive la plus raffinée, les vignobles les plus variés, plus de fromages que de jours dans l'année — en somme, tout ce qu'un homme peut désirer est rassemblé en un seul pays. Est-ce juste ? Est-ce là la justice divine ? »

Dieu écouta ces doléances et les considéra avec soin. À la réflexion, il fut bien obligé de reconnaître la véracité de ces allégations. Peut-être s'était-Il montré bien généreux — peut-être trop — envers ce coin de terre bénie appelé la France. Alors, pour compenser tant de qualités, Dieu créa les Français. Les autres Européens rentrèrent chez eux satisfaits. Justice avait été rendue.

Régis eut un de ces reniflements dédaigneux d'éloquence, très français.

— Fort drôle, dit-il. Voilà sans doute qui doit enchanter le sens de l'humour anglais.

— En fait, un ami allemand m'a raconté l'histoire. Lui aussi la trouvait amusante.

Nouveau reniflement.

— Que voulez-vous espérer d'un personnage qui aime les boulettes et la choucroute ?

Il se cala contre son siège, s'installant pour faire un somme. Même ses ronflements avaient des sonorités un peu hautaines. Je me demande pourquoi je l'aime tant.

L'amour les yeux fermés

Contrairement à la croyance populaire, pour gagner le cœur d'un homme, il ne faut pas nécessairement séduire son estomac ; son nez est également à prendre en considération. J'en veux pour preuve l'exemple de mon ami Sadler. Comme moi, c'est un Anglais qui a choisi de vivre en France. Comme moi, il est écrivain et, comme moi, il a un faible pour tout ce qui est français, notamment dans un verre ou sur une assiette.

Notre histoire débuta dans le port de Dieppe. Une haute silhouette descendit la passerelle du ferry d'un pas décidé. Sadler, ravi de retrouver son pays d'adoption, était d'humeur à fêter cela. Mais comment, et avec quoi ? Il arpenta les rues de Dieppe, son estomac gargouillant doucement, quand son regard fut attiré par un voluptueux éventaire de fromages étalant leur nudité à la vitrine d'une épicerie fine. Le gargouillis s'accentua, exprimant une irrésistible envie de retrouver le goût de la France. Les fromages de l'Hexagone sont innombrables : du friable au presque liquide, en passant par toutes les gammes de saveur, de la mordante à la subtile douceur de la crème ; des fromages de vache, de chèvre, de brebis ; des fromages assaisonnés aux herbes, au poivre, marinés dans l'huile d'olive, affinés sur lit de roseaux. Choisir un fromage parmi des centaines constitue, pour la plupart d'entre nous, un des petits défis de l'existence. Mais pas pour Sadler, du moins pas cette fois-là. Dès son entrée dans le magasin, son nez commença à flâner dans la brume invisible des arômes. Tête baissée, yeux mi-clos, narines frémissantes, il se trouva attiré comme par l'appel du destin vers un bouquet particulièrement corsé. Il émanait d'un fromage bien rond d'une couleur orange rouillée, dont cinq bandes de jonc contenaient l'ample corpulence : un livarot, connu des admirateurs sous le surnom de « colonel » (à cause des cinq galons) et l'un des fromages les plus forts du monde.

Sadler tomba amoureux. Il acheta le fromage, l'emmena déjeuner puis fit en voiture tout le trajet jusqu'à Paris. Le colonel, très à l'aise, comblait Sadler de ses effluves.

Sadler fit le récit de cette rencontre dans un mémoire sur ses expériences d'Anglais parisien.

Bientôt, il reçut un appel d'un personnage occupant un rang élevé dans la hiérarchie fromagère de
Livarot. Cet homme avait lu le livre et se disait ravi
de découvrir un étranger se montrant un aussi
chaud partisan du livarot. L'ouvrage, qui avait
connu un grand succès, assurait pour la ville une
publicité à l'échelon national. C'était un joli coup
pour le livarot et méritait une reconnaissance
officielle et les plus grands honneurs. L'aimable
M. Sadler accepterait-il de parrainer cette année la
foire aux fromages de Livarot et d'être intronisé
Chevalier de fromage ?

Comment refuser ? Être récompensé de sa gourmandise est un rêve qui se réalise pour bien
peu d'entre nous. Sadler accepta donc aussitôt et
m'appela pour annoncer la nouvelle.

— C'est le panthéon du fromage, déclara-t-il. On
me remet une médaille. La ville sera en fête tout le
week-end. Le vin et le livarot vont couler à flots.
Faites votre valise. J'ai besoin de vous pour tenir ma
traîne.

Voilà comment je me trouvai, par un brûlant
samedi après-midi d'août, parmi les maisons à
colombages et les vergers sans fin de la campagne
normande. Cette région regorge de champs verdoyants où abondent vaches et pommes, baignées de
crème et de calvados. La Normandie fut également
le berceau des guerriers qui partirent à la conquête
de l'Angleterre sous la conduite de Guillaume le
Conquérant. (Cet homme, malgré sa déplorable

agressivité, était manifestement un père attentif et généreux : il légua la Normandie à son fils aîné, Robert, et l'Angleterre à son second fils, Guillaume le Roux. Heureusement pour les deux garçons, il n'y avait pas en ce temps-là de droits de succession à régler.)

L'invasion se fait aujourd'hui dans l'autre sens, les Anglais s'installent dans les fermes et les manoirs normands, apportant avec eux leur marmelade et leur passion pour cet indispensable auxiliaire de la civilisation, la presse britannique. En descendant la grand-rue encombrée de Livarot, j'entendis une voix anglaise — la voix forte et maussade d'un Anglais — se plaignant du prix exigé par le marchand de journaux pour l'édition de la veille du *Times.* Je ne sais pas pourquoi, mais je ne peux pas imaginer un Français ronchonnant à propos du prix du *Monde* dans une petite bourgade d'Angleterre. Il est exact aussi qu'il ne pourra jamais le trouver : nous restons très insulaires. (Le fantôme de mon ancien patron Jenkins est toujours avec nous.)

Je devais retrouver Sadler à l'hôtel en bas de la grand-rue. Comme je connaissais mon homme, je me dirigeai tout droit au restaurant de l'hôtel. Il était là en effet, encore à table avec sa femme, se préparant au grand événement avec un dernier vin, tout en griffonnant au dos d'une enveloppe.

— J'ai pensé qu'un petit discours serait le bienvenu, dit-il en tapotant l'enveloppe. Tenez, reprit-il en poussant vers moi une feuille de papier jaune, regardez le programme pendant que je finis mes notes.

Il y avait là tout ce qu'on pouvait espérer d'une foire aux fromages de cette importance : apéritif-concert, fanfare, dégustations de fromages, de cidre, de calvados, barbecue, champ de foire et grand bal du samedi soir. Et deux autres attractions plus surprenantes : l'après-midi même, une vente aux enchères par soumissions cachetées de quarante amouillantes, des vaches prêtes à vêler ; l'après-midi suivant, un concours de rapidité, celui du « plus gros mangeur » de livarot.

Sadler conclut ses notes d'un grand trait de plume.

— Voilà. Je passe juste après les vaches pleines, déclara-t-il. Et, quand la cérémonie sera terminée, nous aurons un peu de travail. Une séance d'autographes.

— Nous ?

— Certainement. Nous serons installés à une table en haut de la rue, avec tout le confort réservé aux auteurs : du cidre ou du vin au choix. Tout est arrangé. Vous allez adorer.

Sans me laisser le temps de répliquer, un des organisateurs de la foire arriva pour vérifier si Sadler était prêt à connaître son heure de gloire et/ou pour l'empêcher de commander une autre bouteille de vin. Le futur Chevalier de fromage se laissa entraîner. Je décidai pour ma part d'aller présenter

mes respects aux futures mères ; un paisible interlude bovin me parut approprié avant le grand spectacle de l'après-midi.

J'aime bien les vaches. Elles ont quelque chose
de profondément apaisant. Il est rare de les voir se
hâter. De loin, elles rayonnent de sérénité, évoluant
avec lenteur, agitant la queue, l'air placide et pittoresque. De près, on remarque leurs cils, le mouvement régulier de leurs mâchoires pendant la rumi-
nation et leur pelage crotté de fumier. Mais les
vaches que j'avais sous les yeux sortaient tout droit
de l'institut de beauté. Elles formaient une longue
ligne parfaite, sans un poil rebelle. Leurs robes
marron clair reluisaient, leurs sabots étincelaient
dans l'éclat sombre, leurs yeux brillaient. La gros-
sesse leur allait bien.

Les vaches étaient silencieuses, les spectateurs
aussi ; la vente aux enchères se déroula sans un
bruit. Livarot s'apprêtait à passer un après-midi
somnolent. Là-dessus, le calme fut interrompu par
l'éructation et le raclement amplifié par les haut-
parleurs d'un individu se grattant la gorge. En
rejoignant la place Pasteur où Sadler devait être
immortalisé, je faillis être piétiné par une patrouille
de la confrérie se frayant un chemin à travers la
foule. Arborant capes et toques de velours marron,
leurs médailles étincelant au soleil, ils gravirent les
marches d'une petite estrade pour venir se grouper
de part et d'autre de la mairesse de Livarot et de
l'Anglais solitaire.

L'amour les yeux fermés

D'évidence peu sensible au trac, Sadler piaffait d'impatience, bavardait avec le premier venu, adressait au public des saluts majestueux. Cet homme était fait pour la célébrité, il en savourait chaque instant.

Un confrère s'empara du micro, une liasse de notes à la main, pour présenter à l'assistance le nouveau chevalier. Selon la tradition, comme à Vittel, la présentation comprenait un mélange d'éloges et d'indiscrétions sans retenue. Connaissant Sadler et sa vie tumultueuse, nous en avions pour un petit moment. Mais, allez savoir pourquoi, il s'en tira avec de menues balafres, quelques péchés véniels pas même bons à rassasier la presse locale.

On remit à Sadler une épaisse tranche de livarot, qui disparut en quelques secondes. On lui tendit alors une coupe — tenant plus du seau que du verre — avec assez de cidre pour éteindre un début d'incendie. Cette épreuve permettait de rendre compte de la virilité du candidat. Le silence s'abattit sur la foule tandis qu'il levait sa coupe. Sadler la vida d'une seule longue gorgée. Le public exprima son admiration : sifflets, applaudissements, « oh là là ! ». Même les membres de la confrérie étaient visiblement impressionnés. Notre héros avait mérité sa médaille.

Lulu, la femme de Sadler, était à côté de moi.

— Il s'en est bien tiré, lui dis-je.

— Ce n'est pas étonnant, acquiesça-t-elle. Je ne l'ai jamais vu caler devant un verre.

Les spectateurs s'installèrent pour écouter le discours du récipiendaire. Avec moi, l'affaire aurait été pliée en moins de temps qu'il n'en faut pour boire un verre de vin : merci, bien aimable, très honoré, et voilà. Mais Sadler est du type discursif. Quand il n'est pas à table, il est maître de conférence à l'université, cela doit aider. Et son français est sans défaut. De plus, il faut bien l'admettre, il avait fait le plein de cidre. Bref, il saisit le micro avec un tel empressement que je le crus prêt à en mordre une bouchée.

— J'ai un rêve récurrent, dit-il. Je fais l'amour à ma femme sur un matelas entièrement fait de livarots...

Lulu baissa la tête. C'est une Française extrêmement raffinée, qui préfère garder fermée la porte de son boudoir. Mais maintenant qu'il avait mis les pieds dans la chambre, impossible d'arrêter Sadler.

— ... ce soir, promit-il, je porterai ma médaille au lit.

Quelle image ! quelle puissance suggestive ! Les spectateurs pendus à ses lèvres, il continua à discuter sexe, fromage et littérature, chanta pendant quelques vibrantes minutes son amour de la France — il parla même de passion.

Sans lâcher le micro, il fondit sur la mairesse et l'embrassa. Puis il donna un baiser aux membres féminins de la confrérie. Après quoi, en criant : « Je suis anglais, donc j'ai le droit d'embrasser les hommes ! », il bécota tour à tour chacun des autres frères. Un politicien en pleine campagne électorale n'eût pas montré plus d'entrain. Le claquement humide de chaque baiser, capté par le micro et amplifié par les haut-parleurs résonnait sur la place. « Mon Dieu, fit dans la foule une voix admirative, ils ont changé, ces Anglais, depuis le départ de Mme Thatcher ! » Voilà l'homme auprès duquel je dus m'asseoir ensuite pour dédicacer des livres.

Par bonheur, avant notre arrivée à la table, un responsable déterminé était parvenu à arracher le micro des griffes de Sadler, frustrant ainsi mon ami de ses espoirs d'annoncer publiquement la séance de dédicaces. Nous commandâmes à boire, nous installâmes derrière les piles de nos livres et attendîmes les assauts d'un public en délire.

Dans ce genre d'occasion, la condition d'auteur se révèle être une expérience curieuse et souvent humiliante. Les gens se rassemblent juste hors de portée de voix pour dévisager le phénomène de foire que vous êtes. Vous esquissez ce que vous pensez être un sourire bienveillant. Sans cesse de vous observer, le public fait un pas en arrière. Vous percevez çà et là quelques commentaires :

— Il est plus vieux qu'en photo !

— Je crois que je vais attendre que le livre sorte en édition de poche.

— Ils picolent tous, vous savez, ces écrivains...

— Je plains sa femme !

— Eh bien, vas-y demande-le, toi !

Demander quoi ? Vous brûlez d'envie d'être questionné sur n'importe quoi, pour mettre un terme à votre veillée solitaire. Mais cela arrive rarement. Une âme intrépide, téméraire et déterminée s'approche de la table, prend votre livre, le feuillette, le repose et repart sans vous avoir jamais jeté un coup d'œil. On croirait que vous êtes le rebut de l'humanité.

Ce ne fut pourtant pas le cas ce jour-là, pas en compagnie d'une célébrité médaillée. Le chevalier Sadler rayonnait encore des effets conjugués des applaudissements et du cidre à haut degré d'octane. Nous passâmes une heure divertissante et conviviale, nous signâmes quelques livres. Les habitants de Livarot étaient des êtres joviaux. Et de grands embrasseurs. J'ai longtemps cru que les climats plus froids engendrent des personnalités moins chaleureuses, que plus on va vers le nord, plus les gens sont réservés. Mais nous vîmes là de nombreux contre-exemples, de longues étreintes ponctuées de quatre baisers — deux fois la norme française. Ces quatre baisers préoccupaient Sadler : il s'inquiétait à l'idée d'avoir frustré les membres de la confrérie, et peut-être même d'avoir donné l'impression qu'il souffrait de cette froideur anglaise. « Je pense ne pas les avoir assez embrassés, déclara-t-il. Mais je me rattraperai ce soir au dîner. »

Ce soir-là, tout Livarot semblait de sortie, les rues embaumaient : grillades au barbecue, crêpes comme des toiles d'araignée dorées répandues sur des poêles de fonte, fromages rôtis et cidre. En passant devant un brasero où grésillaient des andouillettes, je vis les narines de Sadler entrer en fibrillation. « Je ferais bien un sort à deux de celles-là, soupira-t-il. Cela fait fort longtemps que nous avons déjeuné, me semble-t-il. » Il rajusta sa médaille et, hâtant le pas, nous débouchâmes sur la place où le dîner était servi.

C'était un repas campagnard, un buffet géné-reux, sans cérémonie : jambons, saucisses, flans, quiches, salades vastes comme des paysages, amon-cellements monumentaux de patates à la mayon-naise et, naturellement, des fromages par dizaines. Il y avait notamment du livarot — « la viande du travailleur » —, du camembert, du pont-l'évêque, du pavé d'Auge. Nous remplîmes nos assiettes et trouvâmes nos places à une table de douze. Le contenu de mon assiette, de toute évidence, ne plaisait pas à ma voisine. Levant les yeux vers moi, elle braqua son index et se mit à l'agiter dans ma direction, signe indubitable de la grosse bévue.

— Monsieur ! Vous n'avez pas pris de fromage !

C'était vrai ; mon assiette était pleine mais, pour le moment, sans fromage. Je comptais retourner en prendre. Sans même me laisser la possibilité de m'expliquer, ma voisine se pencha vers moi.

— Permettez-moi de vous dire ce que le grand Brillat-Savarin a déclaré un jour : « Un repas sans fromage, c'est une belle femme qui n'a qu'un œil. » Voilà, monsieur.

Je cherchai du regard le soutien de mon ami chevalier, mais il était fort occupé à embrasser quelqu'un à la table voisine. Lulu était trop loin pour m'être d'aucun secours. J'allais devoir affronter seul mon accusatrice. Lui promettant d'aller bientôt me servir de fromage, je m'empressai de changer de sujet. Je lui demandai des précisions sur la compétition gastronomique du lendemain, les règles du jeu, les techniques, les concurrents. Y avait-il un favori ? Pouvait-on parier ?

Mon voisin de table, en se joignant à la conversation, inaugura le déferlement habituel d'opinions contradictoires. Fut finalement admise l'existence d'un favori, un autochtone ayant triomphé les années précédentes. À en croire la rumeur, il aurait suivi un entraînement extrêmement sévère et serait au mieux de sa forme. Mais attention ! Il y avait aussi *une* outsider, une inconnue qui avait fait tout le chemin depuis Clermont-Ferrand. Une Japonaise. Voilà qui confirmait la renommée mondiale de Livarot et de son fromage.

Ma voisine avait désormais pris en charge la gestion de mon repas. Constatant qu'un petit espace de mon assiette avait été libéré, elle m'accompagna jusqu'au buffet pour superviser la sélection des fromages. Lorsque je choisis un solide triangle de livarot, elle eut un clappement de langue désapprobateur ; j'étais trop modeste à son goût. D'un doigt de connaisseur, elle tâta quelques morceaux plus importants pour s'assurer de leur consistance, jeta son dévolu sur l'un des plus gros et l'ajouta au contenu de mon assiette. Le livarot n'est pas un fromage discret. Bien avant d'approcher de votre bouche, il s'annonce aux narines par un arôme pénétrant, quasiment virulent. Il est dense, tendre sous la dent, élastique, crémeux, débordant de matières grasses (45 %) et tout bonnement délicieux — aussi éloigné que possible de cette mixture insipide et industrielle appelée fromage blanc. Ma voisine surveilla ma dégustation en hochant la tête d'un air satisfait. Je n'aurais su dire qui du livarot et de moi-même avait achevé l'autre. Un peu de sueur perlait sur mon front, des palpitations allaient sans nul doute suivre. Mais ma voisine n'en avait pas encore fini avec moi.

— Bien, dit-elle. Ce qu'il vous faut maintenant, c'est un peu de calvados, pour la digestion.

Sadler, dont les oreilles sont aussi sensibles à certains stimuli que celles d'une chauve-souris, avait entendu le mot magique. Il approuva sans réserves la suggestion ; c'était la moindre des politesses à l'égard de nos hôtes normands, heureux inventeurs du calvados.

L'un des convives nous invita chez lui pour l'occasion. Il exhiba une bouteille anonyme de couleur sombre : pas d'étiquette, pas de date, du calvados maison. Son bouquet vous donnait les larmes aux yeux, sa rondeur vous emplissait la bouche

d'une douce chaleur qui de la gorge gagnait l'estomac. « Un soleil intérieur », disent les Normands.
Cette nuit-là, je dormis comme une souche.

Une des plaisantes injustices de la vie, c'est la bien-
veillance inattendue avec laquelle parfois l'organisme réagit aux excès. Je méritais une gueule de
bois. Sadler méritait pis encore. Pourtant, le lendemain matin, nous nous sentions tous deux étonnamment bien — reposés, requinqués, prêts à faire
face aux événements de la journée, aptes à affronter une forte consommation de fromage et de calvados. Accompagnés de Lulu, nous sortîmes de l'hôtel en quête de café.

Il était à peine un peu plus de dix heures, mais
les braseros de la grand-rue étaient déjà allumés,
prêts à griller les longs colliers de saucisses disposés
là en luisants chapelets de couleur sang. La population canine de Livarot était sortie en force, d'humeur flâneuse mais déterminée. Les chiens attendaient, l'air innocent, le moment d'inattention
d'un charcutier qui permettrait un raid éclair sur
les saucisses. De nombreux camions étaient trans-
formés en restaurants : bars minuscules, bâches
déployées, chaises et tables dressées dans la rue, et
délicieuses odeurs émanant de cuisines grandes
comme un mouchoir de poche. Sadler, après
consultation de sa montre, admit qu'il était trop tôt
pour déjeuner. Il s'arrêta brusquement, sa médaille
bringuebalant sur sa poitrine, à la vue d'un spec-

tacle fascinant de l'autre côté de la place Pasteur. Il me prit par le bras.

— Voyez-vous ce que je vois ?

C'était un petit éventaire croulant sous les bouteilles et les tonnelets. Accoudés à un comptoir exigu, des hommes au nez bourgeonnant sirotaient de petits verres ou des gobelets en plastique d'un air pensif. Sur la bâche étaient inscrits ces mots fatidiques : *Dégustation de cidre et de calvados.*

Le visage de Sadler était l'image même de l'innocence.

— Ce ne sont que des pommes, et on peut toujours recracher.

Je regardai Lulu. Elle hocha la tête en souriant. Que pouvait-on y faire ?

Il faut le reconnaître, le milieu de la matinée est le parfait moment pour la dégustation. Le petit déjeuner est déjà un lointain souvenir, le déjeuner appartient à l'avenir, l'œil est vif, le palais bien nettoyé. Nous nous installâmes au comptoir en nous demandant s'il y avait plus de vitamines dans le cidre ou dans le calvados. Il allait nous falloir essayer les deux.

Sans être grand amateur de cidre, je dus reconnaître que celui-ci était de première qualité. Il alliait la fraîcheur et le puissant goût du fruit. D'après certains, les heureux cochons et chevaux normands se trouvent souvent un peu pompettes après avoir mangé des pommes tombées ayant commencé à fermenter. Et que dire de « Gaston le picoleur », le cochon qui parcourait son verger en donnant sciemment des coups sur les arbres pour faire tomber les fruits. Voilà pour les doux plaisirs du cidre.

Nous passâmes alors à ce que notre nouvel ami de l'autre côté du comptoir appelait « la raison pour laquelle Dieu a créé les pommes ». Des calvados d'âges divers nous furent servis — du « jeune homme » au « grand-père » —, nous les humâmes, les sirotâmes et, je dois l'avouer, les avalâmes. Chose étrange, je n'eus aucun problème à déguster avant midi de l'alcool à 84 degrés : ni crispations, ni tremblements, ni brûlures. Le fromage de la veille protégeait encore mes organes vitaux d'une couche isolante. Nous décidâmes de faire l'emplette de deux bouteilles de calvados afin de poursuivre chez nous ces études comparatives, tandis que Lulu, dans sa grande sagesse, nous proposa d'aller boire un petit café.

L'orchestre officiel de la foire aux fromages de Livarot serpentait dans la grand-rue, jouant du très bon jazz, sous la direction d'un chef d'orchestre, un grand gaillard au toucher de trompette d'une impressionnante souplesse dont les riffs rappelaient Miles Davis. L'orphéon s'arrêta sur la place et attaqua sur *It's a Long Way to Tipperary*, une chanson inattendue au cœur de la France rurale. L'exécution « à la normande » n'avait qu'un lointain rapport avec l'interprétation conventionnelle de mon enfance. L'arrangement instrumental, avec ses glissements désinvoltes et ses fioritures, me rappelait plus le style New Orleans que la marche militaire. Les chanteurs donnaient une touche exotique à la destination prévue : « *Itseu longue oué tou Tipéwawy...* » Le public adorait.

Le radar de Sadler repéra un petit fromager en face du café où nous étions installés. Il se fit happer par cet antre et procéda à quelques provisions pour son retour à Paris. Il revint, l'air songeur. Le spectacle d'un panorama de livarots étalés sur la table lui avait rappelé la compétition de l'après-midi. Comment se prépare-t-on à ce genre d'épreuve ?

Nous tentâmes d'imaginer le régime d'abnégation, les mois de lutte et de sacrifice, les préparatifs indispensables pour amener un concurrent à l'apogée de sa forme. Jeûne ? Gymnastique ? Jogging ? Méditation ? Irrigation du côlon ? Massage de l'estomac ? Au bout du compte, la proposition de Lulu — une version française de l'entraînement en salle — fut adoptée par la majorité des concurrents.

— Un déjeuner, dit-elle, mais un déjeuner léger.

— Quelle bonne idée ! renchérit Sadler.

Quinze heures. Une longue table était dressée sur l'estrade de la place Pasteur. Avant la compétition principale, en guise de hors-d'œuvre, un génie à l'esprit tordu avait inventé un concours pour gourmets juniors. On aligna des enfants devant la table par équipe de deux, l'un assis, l'autre debout derrière lui. Celui qui était debout (le nourricier) devait enfourner un maximum de cuillerées de yoghourt dans la bouche de son coéquipier (le consommateur). C'était assez simple, mais, pour compliquer les choses, les nourriciers avaient les yeux bandés : on opérait au toucher, par tâtonnements et approximations. Au micro, un jeune homme à l'intarissable bagou supervisait les opérations tout en esquivant avec une habileté d'acrobate les vols de pots de yoghourt. En moins de deux minutes, la plupart des enfants furent couverts d'un barbouillis blanc et visqueux. Le concours fut un brillant succès, tous s'en félicitèrent.

Vint le tour des « Grands Mangeurs ». L'un après l'autre, ces neuf champions olympiques de la goinfrerie vinrent prendre place sur l'estrade sous les applaudissements particulièrement nourris — si l'on peut dire — de la foule. Une véritable ovation accueillit l'outsider japonaise de Clermont-Ferrand, Mlle Iku, toute petite et menue, qui, semblait-il, aurait du mal à grignoter une baguette, pour ne pas parler d'un kilo de livarot. L'animateur lui demanda comment elle se sentait. Elle répondit en riant et salua la foule. « Elle a de l'assurance, celle-là, dit quelqu'un derrière moi. Mais a-t-elle assez d'estomac ? »

L'animateur expliqua le règlement. En moins de quinze minutes, les concurrents devaient faire un sort à deux fromages entiers, de 900 grammes chacun. Ils disposaient d'une assistance liquide : du cidre à volonté. Toute tentative de dissimulation de

114

fromage dans les plis des vêtements entraînerait la disqualification. Que la meilleure bouche gagne !

Le favori, un homme étonnamment svelte, s'échauffait : il faisait jouer les muscles de ses mâchoires, roulait des épaules et observait ses adversaires tout en débouchant sa première bouteille de cidre. On lui demanda quel avait été son entraînement de dernière minute. Comme l'avait prédit Lulu, il répondit s'être contenté d'un déjeuner léger. Question suivante : mangeait-il souvent du fromage ? « Une fois par an », déclara-t-il. Il refusa d'en dire plus, réservant manifestement ses forces pour l'effort suprême.

Les voilà partis ! Les neuf concurrents prirent un départ énergique, s'attaquant à leur fromage tels des chiens occupés à déchirer le pantalon d'un facteur. Le rythme était soutenu, mais il s'agissait d'un marathon, pas d'un sprint. Au bout de deux ou trois minutes, les concurrents adoptèrent une allure moins frénétique et les différences de technique commencèrent à poindre. On repérait les novices à la taille inégale de leurs bouchées, au manque d'enchaînement dans leurs mouvements de bras et aux coups d'œil sur leurs adversaires. « Fatale erreur, nous expliqua un expert, quitter son fromage des yeux revient à jouer au golf sans regarder la balle. »

Deux styles manifestement supérieurs se révélèrent alors. Le zen de Mlle Iku : le regard fixé au loin, elle mastiquait et avalait son fromage à un rythme régulier, s'essuyait délicatement les lèvres entre deux bouchées et s'interrompait de temps en temps pour boire une élégante petite gorgée de cidre. Le prix spécial de la consommation la plus gracieuse d'une scandaleuse quantité de livarot aurait dû être créé en son honneur.

Dans un genre tout à fait différent, le champion avait adopté la tactique du « tous les coups sont permis ». Il mettait les bouchées doubles, engloutissait un morceau dans chaque joue en laissant juste un passage à un torrent de cidre qui charriait le fromage dans le gosier. Telle une machine, il avalait les portions sans discontinuer, s'épongeait les sourcils, demandait d'un signe une autre bouteille de cidre. Pas de doute, nous étions en présence d'un dégustateur de fromage de première catégorie. « Quel mec ! cria un de ses fans. Il est époustouflant ! »

Concluant sur une ultime double bouchée, une dernière rasade de cidre et un rot bien mérité, le favori leva les deux bras en V de la victoire. En douze minutes pile, il avait englouti près de deux kilos de fromage et un litre et demi de cidre. Il s'agissait peut-être d'un record mondial. Transpirant abondamment, il se leva — ce qui était déjà en soi un petit miracle — pour répondre aux questions de l'animateur.

— Félicitations ! Quel effet cela fait-il d'être une nouvelle fois vainqueur ?

— Génial ! Plus de fromage pendant un an !

Fin de l'interview. Le champion n'était pas bavard.

Ou peut-être qu'un surplus de livarot entravait ses cordes vocales.

L'animateur salua ensuite la remarquable prestation de Mlle Iku : un kilo de fromage et une bouteille de cidre, sans détresse apparente. Dans un petit rire, elle déclara qu'elle adorait le fromage mais que le livarot avait à Tokyo le prix du caviar. Elle se vit décerner le prix spécial de la meilleure performance féminine ; on lui remit un livarot en chocolat.

D'autres concurrents, marqués par l'effort, avaient visiblement poussé leur organisme à l'extrême limite. Certains étaient écroulés sur la table, la tête affalée dans leurs bras, le souffle rauque, proches de l'évanouissement ; d'autres, avachis comme des sacs contre le dossier de leur chaise, les bras ballants, avaient le visage pâle comme un camembert et luisant de sueur. Que ceux qui pensent que la boxe professionnelle est le sport le plus violent essaient un peu les concours de dégustation de fromage...

Quels moments magnifiques nous avions connus à Livarot ! Repas, qualité des invités, distractions, temps de rêve, accueil chaleureux — tout avait contribué à rendre ce week-end mémorable.

Pour remercier mon ami Sadler et saluer son coup de fourchette, je proposai de l'emmener en novembre en Bourgogne à la vente aux enchères du vin des hospices de Beaune et au déjeuner des vignerons au château de Meursault. L'idée ne le laissa pas indifférent.

— Un vrai déjeuner, n'est-ce pas ?

— Un déjeuner à faire oublier tous les déjeuners, lui assurai-je. Cinq bonnes heures à table.

— Et sans doute les meilleurs vins ?

— Les tout meilleurs. Par douzaines.

— Marché conclu, répondit Sadler. Je porterai ma médaille.

En général, je rapporte de ces festivités quelques souvenirs accidentels. Cette fois, dans la chaleur de la discussion, je semblais m'être assis sur, ou dans du livarot, me fit remarquer ma femme. Mon pantalon en avait souffert. Je doutais en fait qu'il puisse jamais s'en remettre.

Par bonheur, la dame présidant aux destinées de la teinturerie d'Apt est une authentique artiste. Taches de vin, de sauce, de jus, d'huile, de beurre — rien ne lui résiste. Elle fut quand même impressionnée par ces taches de fromage bien incrustées. Trop polie pour demander précisément la cause d'un tel dégât, elle préféra s'enquérir du type de fromage coupable. À ma réponse, elle hocha la tête d'un air pensif et offrit le nettoyage du pantalon. Pour elle, le livarot était un nouveau défi à relever. Moralité : ne jamais s'asseoir que sur les meilleurs fromages.

L'estomac dans les talons

Un escargot adulte au mieux de sa forme et en vitesse de pointe atteint tout juste les quatre mètres à l'heure. Ce gastéropode avance majestueusement dans la vie, sur un unique pied, musclé et autolubrifiant. Il possède deux paires de cornes : celles du haut sont munies d'yeux, celles du bas lui servent de nez. Hermaphrodite, il (ou elle) possède la faculté remarquable — et précieuse — de changer de sexe selon l'occasion. Cette créature curieuse mais inoffensive a, du moins en France, la grande infortune d'être considérée comme un mets de choix.

J'ai découvert ces précisions fondamentales dans un livre, un vieil exemplaire de *L'Escargot comes-*

tible. C'est un petit ouvrage extrêmement sérieux publié par La Maison rustique à qui l'on doit d'autres joyaux tels que *Comment tanner les peaux de petits animaux, Précis d'élevage du saumon* ou *Capture et destruction des taupes.* On pourrait en toute bonne foi considérer La Maison rustique comme un éditeur marginal.

Connaissant la fascination qu'exercent sur moi les escargots, ma femme m'acheta ce livre dans une brocante. Les illustrations étaient rares : deux ou trois croquis anatomiques plus quelques vieux clichés passés représentant les deux poses classiques de l'escargot, caché dans sa coquille ou en émergeant. Le texte érudit ne s'embarrassait d'aucune fioriture typographique. Bref, c'était un ouvrage sérieux, destiné à informer les étudiants et les éleveurs et non à divertir des amateurs d'escargots comme moi.

Comme l'auteur était français, le texte comportait inévitablement un recueil de recettes — escargots à la sauce bourguignonne, à la sauce poulette, à la provençale, à l'espagnole, farcis. Le style, sec, précis, professoral, était indifféremment utilisé pour décrire les habitudes amoureuses de l'escargot, ses rythmes de sommeil et son robuste appareil digestif.

Et dire qu'approchait la vingt-huitième foire annuelle aux escargots de Martigny-les-Bains ! L'invitation que j'avais reçue était ornée d'un couple d'escargots grandeur nature. Engoncés dans les cols et les cravates dont l'illustrateur les avait affublés, les escargots avaient l'air gêné des chiens que leurs maîtres obligent à arborer de petits imperméables écossais.

Le programme des événements promettait bien des distractions d'ordres gastronomique, musical et commercial sans parler du célèbre concours de beauté. À Vittel, la plus jolie fille avait été élue Miss Grenouille, un titre finalement plutôt flatteur, si l'on considère les longues jambes et les cuisses délectables des batraciens. Mais Miss Escargot ? Deux paires de cornes, un unique pied musclé et un train d'atterrissage gélatineux : on est loin des canons classiques de la beauté. Miss Mollusque ? Non, vraiment pas. Il n'était pas davantage question de Miss Hermaphrodite. La solution figurait sur l'invitation : la gagnante recevrait le titre de Miss Coquille. D'aucuns pouvaient trouver ce mot un peu terne, mais en français il a quelque chose d'un peu coquin. D'ailleurs, même si la coquille ne se consomme pas, elle est sans doute l'attrait le plus séduisant de l'escargot. Va pour Miss Coquille.

Martigny-les-Bains est située à l'extrême nord-est de la France. Comme l'évoque les noms des villages environnants, la région est humide : Puits-des-Fées, Plombière-les-Bains, Grandrupt-de-Bains et — le plus liquide de tous — Bains-les-Bains.

Les couleurs du paysage, par cette journée ensoleillée de mai, témoignaient des heureux effets

121

d'une hydratation abondante. Nous avions connu en Provence une période particulièrement sèche et poussiéreuse — deux jours de pluie en trois mois — et la luxuriance de la campagne du Nord me parut presque scandaleuse. Dans une centaine de nuances de vert, les rangées sombres des conifères contrastaient avec l'explosion lumineuse des nouvelles pousses. Les vaches, couleur crème, prenaient leur bain de soleil ; seules leurs têtes émergeaient des vertes prairies ondoyantes. De chaque côté de la route, les fossés débordaient de verdure. Même sur la carte routière tout était vert.

J'arrivai à Martigny en fin d'après-midi. Le village brûlant et silencieux n'annonçait rien des festivités à venir. Pas d'affiches, de drapeaux, de chapelets, de lanternes colorées. Je me demandai un moment si je ne m'étais pas trompé de Martigny — il y en a huit ou neuf en France. Enfin j'aperçus une sorte de panneau de signalisation : imposant, triangulaire et péremptoire. Loin d'avertir les automobilistes de quelque danger imminent, le panneau bordé de rouge représentait deux escargots cornes dressées, à l'air des plus désinvoltes. S'il était possible de qualifier avec certitude l'humeur d'un escargot, je dirais que ceux-là étaient heureux et insouciants.

S'agissant des animaux qu'ils s'apprêtent à manger, les Français ne font généralement pas de sentiment. Mais ils aiment bien que ces bêtes semblent heureuses d'être dégustées. (Comme si ces infortunées créatures devaient se féliciter d'être jugées dignes de consommation par un Français.) Il est fréquent en France de voir aux étals des bouchers et aux éventaires des marchés, sur des affiches et sur des emballages, des expressions anthropomorphiques appliquées aux têtes les plus improbables. Les poulets ont l'air enjoué, les vaches rient, les porcs rayonnent, les lapins clignent de l'œil et les poissons minaudent. Tous semblent ravis à l'idée d'apporter leur contribution au repas.

En traversant Martigny s'éveilla en moi ce frisson de curiosité ressenti, j'en suis sûr, par tous les étrangers visitant un petit village français. Les rideaux de dentelle s'agitent aux fenêtres, révélant un regard inquisiteur. Les conversations s'arrêtent. Les têtes se tournent pour inspecter un individu si manifestement venu d'ailleurs. Il n'y a là rien d'inamical, mais on a quand même l'impression d'offrir aux indigènes un spectacle choquant.

Je cherchai Mme Gérard, une des organisatrices de la foire, qui m'avait donné rendez-vous rue des Vosges. Trois dames du village interrompirent leurs commérages pour me dévisager, je m'adressai à elles.

— Je cherche la rue des Vosges.

Une des dames me toisa par-dessus ses lunettes.

— Vous y êtes, monsieur.

— Ah. Peut-être alors sauriez-vous me dire où je pourrais trouver Mme Gérard ?

Un, deux, trois haussements d'épaules. Puis, comme une voiture débouchait dans la rue vide :

— La voilà ! Elle arrive !

Je trouvai Mme Gérard visiblement préoccupée. Ces affaires-là n'allant pas sans complications, elle ne pouvait s'arrêter pour bavarder. Peut-être pourrions-nous nous retrouver plus tard à l'*Hôtel international* ? Elle repartit, me livrant aux trois dames, fascinées. Que faisait donc ici un inconnu — je dirais même plus, un inconnu étranger ? Étais-je vraiment perdu comme je le prétendais ? Allais-je participer aux festivités du lendemain ?

Je répondis à la salve de questions en ajoutant que j'étais navré d'apprendre l'existence de problèmes.

— Espérons, dit l'une de mes interlocutrices en hochant la tête, que ce ne sera pas aussi grave que la catastrophe d'il y a quelques années, quand le camion apportant les escargots à Martigny a eu un accident et s'est retourné. Deux mille douzaines d'escargots éparpillés sur la chaussée ! Une affaire dramatique ! Seuls les efforts surhumains du boucher et de ses hommes ont sauvé la foire du désastre. Imaginez une foire aux escargots sans escargots !

Cette seule idée réduisit les dames au silence.

Martigny peut se traverser d'un bout à l'autre, aller et retour en dix minutes. Voilà ce que je constatai, l'œil aux aguets, en cherchant l'*Hôtel international*. Comment un tel établissement pouvait-il survivre dans les vertes et calmes profondeurs de la campagne française ? Peut-être attirait-il une clientèle d'amateurs d'escargots, ou d'hélici-culteurs des quatre coins du monde afin de se tenir au courant des plus récentes techniques de repro-duction ? En tout cas, impossible de trouver cet hôtel au nom si grandiose. Adossés à une camion-nette, les bras croisés, deux hommes m'observaient passer et repasser. Je leur demandai où se trouvait l'*Hôtel international*. Pour la deuxième fois de l'après-midi, j'eus l'impression d'être un vrai plouc.

— Vous êtes devant, monsieur.

De la tête ils désignèrent le long bâtiment gris derrière eux. Sûrement, cela avait été jadis un bel édifice, mais aujourd'hui cette façade aveugle aux fenêtres condamnées n'avait rien d'un hôtel. Pas trace de Mme Gérard, toujours en proie à ses pro-blèmes. Je demandai aux hommes à quelle heure devait s'ouvrir la foire.

— À cinq heures du matin, dit l'un d'eux dans une grimace, en agitant la main comme s'il s'était brûlé les doigts.

Là-dessus la pluie se mit à tomber. Le moment me parut opportun de m'engouffrer dans un bar.

Je dus passer la nuit à quelques kilomètres de là, à Contrexéville. Comme Vittel, c'est une ville presque totalement consacrée aux effets bénéfiques de l'eau de source locale ; il y régnait la sobriété qui convenait. Quelques couples effectuaient leur promenade du soir, équipés à tout hasard d'un parapluie, arpentant d'un pas lent et prudent les trottoirs détrempés. Les rues étaient propres, les arbres bien entretenus. Spectacle étonnant pour la France, aucun des habituels exemples de stationnements originaux n'était à déplorer : pas de voitures perchées sur le trottoir ni de camionnettes bloquant l'entrée d'une ruelle. Bourgade bien soignée, paisible et ordonnée, Contrexéville est le cadre idéal pour des visiteurs ne venant pas pour s'amuser mais avec l'intention bien arrêtée de baigner leurs entrailles dans des eaux reconstituantes.

Plus tard, au restaurant de l'hôtel, je fus témoin d'un spectacle rare. Pour tout dire, un spectacle extraordinaire : plusieurs douzaines de couples attablés et pas une seule bouteille de vin à eux tous. De l'eau, de l'eau partout (sauf à ma table). Cela me rappela la Californie.

Le jour de la foire s'annonçait beau et chaud. Rien ne bougeait dans les rues à l'exception d'un chat rentrant furtivement chez lui après une nuit de débauche. Les autres habitants de Contrexéville étaient encore couchés ; de toute évidence, ce doit être épuisant de boire autant d'eau. Au café, je fus soulagé de trouver au comptoir un homme avec sa baguette savourant une belle tranche de saucisson et un verre de rouge pour tout petit déjeuner. Je retrouvais la France.

Le village de Martigny s'était transformé du jour au lendemain. Des stands grouillant d'animation et vibrant de musique occupaient toute la longueur de la rue de l'Abbé-Thiebaut. Toutes sortes de tentations s'exhibaient déjà : merguez épicées, gaufres saupoudrées de sucre, cages de poulets, lapins, canards, poules, cailles, pintades. Un trio de chèvres se bousculait dans un enclos minuscule, leurs pâles yeux au regard égaré fixaient avec nostalgie un succulent étalage de plantes vertes à proximité. D'autres stands exposaient des bijoux sans douleur : des anneaux pour le nez, la langue ou les oreilles, à coller. Je découvris même une nouvelle marque de jeans, les Nixon Triple Force. (À quand les baskets Clinton Super Luxe ?) Et, s'entassant en piles de couleurs vives, des montagnes de matelas.

Pourquoi un être sain d'esprit viendrait-il acheter un matelas neuf dans une foire aux escargots ? Les marchands de matelas — ils étaient plusieurs à tenter d'appâter le client — suscitaient un intérêt considérable. On s'arrêtait pour inspecter les matelas, on se penchait avec prudence pour les tâter comme on aurait essayé de tirer de leur sommeil des bêtes endormies. Les plus audacieux s'avançaient même pour s'asseoir et les tester. Une femme allongée de tout son long sur un matelas, son sac à provisions serré contre sa poitrine, écoutait un vendeur lui susurrer à l'oreille : « Dix ans de beaux rêves. Absolument garantis. » Autre stratégie de vente : une blonde moulée de noir se prélassait sur un matelas. La foule se pressant autour d'elle était surtout masculine et plutôt timide. Pas question cette fois de tâter ni d'essayer.

Le déferlement de musique tournait à la bataille rangée : un pot-pourri d'accordéon traditionnel rivalisait avec de grands succès du rock, entre deux rafales de batterie retentissant tout au bout de la rue. Derrière un des éventaires, dans un jardin minuscule, une vieille dame assise sur une chaise de paille battait la mesure avec sa canne en hochant la tête, un pâle sourire figé sur son visage, son pied s'agitant dans sa pantoufle. Elle avait l'air de connaître tous les passants. Tout le monde d'ailleurs semblait connaître tout le monde ; on s'arrêtait pour échanger un mot, donner une claque sur l'épaule ou pincer une joue. L'événement tenait plus de la réunion familiale que de la fête publique.

Abandonnant là les matelas, j'arrivai devant un manège bucolique tout droit sorti du Moyen Âge. Deux minuscules poneys, pas plus gros que des danois, trottinaient docilement en rond, portant un enfant un peu craintif, cramponné aux rênes, à la crinière ou à une oreille endurante. Indifférents au vacarme, à la chaleur et à leur cortège de mouches, les poneys perdus dans leurs pensées ressemblaient à des banlieusards résignés en route pour le travail.

Quand je finis par apercevoir Mme Gérard dans la foule, son visage souriant montrait bien que les problèmes de la veille avaient été réglés. Elle me présenta à sa mère et toutes deux m'entraînèrent au bout de la rue pour me faire admirer dans le détail les préparatifs de la cérémonie officielle d'inauguration. Déjà les virtuoses de Martigny se regroupaient. Casquettes à visière, blousons bleu ciel et pantalons blancs : ils étaient sur leur trente et un. Disparaissant dans cette forêt de jambes, le plus jeune trompettiste de France arrivait à peine à la taille du timbalier. Son front brillant d'ardeur était à demi dissimulé par un trop grand képi, qui tomberait sans doute sur son nez au premier coup de trompette.

— Attention ! Le maire arrive, avec son entourage, me dit la mère de Mme Gérard en me gratifiant d'un coup de coude.

Le cortège offrait un intéressant échantillonnage vestimentaire. Le maire portait dignement costume et cravate, la Miss Coquille de l'an passé et ses deux dauphines laissaient apercevoir de petits coins de ventre nu au-dessus de leurs jeans moulants et Pipo le clown éclipsait tout le monde avec son pantalon à grands carreaux de couleurs vives, sa besace en tissu écossais et ses chaussures d'un rouge flamboyant parfaitement assorties à son nez. Il s'échauffait en se livrant à quelques cabrioles préliminaires quand la fanfare explosa à mes oreilles : le maire s'avançait pour couper le traditionnel ruban tricolore tendu en travers de la rue.

L'orphéon attaqua aussitôt un refrain martial — *La Marche des escargots* — et nous nous mîmes en route, Pipo ouvrant la marche en gambadant, suivi de la fanfare, du maire et de son « entourage », et de la foule. Évidemment, la mère de Mme Gérard connaissait tout le monde. Nous progressions de plus en plus lentement jusqu'à l'arrêt complet, quand elle voulut persuader sa propre mère d'abandonner son jardin pour rallier le défilé.

Il était près de midi, la chaleur de la matinée était devenue étouffante. La procession remontait la rue à un rythme de gastéropode. Je me surpris à jeter des coups d'œil de plus en plus intéressés aux salles sombres et fraîches qui bordaient le chemin : des pièces décorées de bannières arborant le visage d'escargots souriants, agrémentés du mot — toujours attrayant — de « dégustation ». Dans la pénombre, je distinguais des silhouettes brandissant des verres. Ce spectacle me rappela ma mission : découvrir et déguster les plus beaux spécimens d'escargots de France. Le devoir m'appelait, le moment était venu de me mettre au travail.

Dans un ultime éclat de cuivres et de roulement de tambours, le cortège fit halte au bout de la rue. En revenant sur mes pas, les relents d'une brise parfumée, le frémissement d'un chaud parfum d'ail, me menèrent droit à une salle de dégustation. C'était un petit bar-restaurant de fortune : murs blanchis à la chaux, sol carrelé noir bien astiqué, longues tables et, au fond, une cuisine provisoire installée dans une alcôve. Le menu était griffonné sur une ardoise ; des escargots, des escargots ou bien des escargots, préparés selon vos goûts : avec ou sans frites. Le gewurztraminer bien frappé pouvait se commander au verre, à la carafe et sans doute au tonneau. Impossible d'imaginer cadre plus agréable pour travailler.

Les longues tables imposent des repas communs et par conséquent de la camaraderie. On peut s'asseoir seul, mais cette solitude durera le temps d'un simple bonjour. Suivant un processus désormais familier, je sollicitai quelque conseil qu'un convive se fit un plaisir de me donner.

Je m'installai en face d'un quinquagénaire trapu en casquette et chemise aux couleurs fanées, au visage ridé et patiné par le temps. Il me salua aimablement de la tête et me demanda si j'étais seul.

— Non seulement je suis seul, répondis-je, mais anglais.

— Ah, bon ?

Il déclara n'avoir encore jamais rencontré d'Anglais et examina le spécimen que j'étais d'un air légèrement surpris. Je ne sais pas à quoi il s'attendait — un hooligan peut-être, ou bien le Major Thompson avec son chapeau melon — mais il parut rassuré par mon aspect. Il me tendit la main, se présenta : « Maurin, Étienne », puis but une gorgée de vin.

— Vous aimez les escargots ?

— Je crois, dis-je, mais je n'en ai pas mangé souvent. Je n'y connais rien.

— Commencez par une douzaine, juste avec de l'ail et du beurre, me conseilla-t-il en contemplant l'amoncellement de coquilles vides dans son assiette. J'en prendrais bien encore quelques-uns.

Jeune homme ! Il y a ici un Anglais qui meurt de faim.

Il en commanda deux douzaines et une grande carafe de « gewurz ».

À côté de nous, un jeune couple de tourtereaux tentait l'impossible : extraire un peu de chair des coquilles brûlantes, se regarder droit dans les yeux et simultanément se tenir la main et oublier tout le reste. Ils n'allaient guère m'être utiles dans ma soif de culture. Je me retournai donc vers mon nouveau compagnon.

L'arrangement parfait : un Français parle, vous écoutez. Contrairement à ses compatriotes, ne discutez pas avec lui. Votre silence sera apprécié. Certes, vous n'en êtes pas moins un étranger, mais vous avez le cœur et l'estomac bien placés. Assis aux pieds du maître, vous avez le bon goût de vous enquérir des raffinements de la civilisation. Lui, naturellement, est ravi de s'adresser à un auditoire assez intelligent pour apprécier ses opinions, points de vue, préjugés et anecdotes.

Quand le serveur arriva, Maurin avait à peine eu le temps de s'éclaircir la gorge et de mettre de l'ordre dans ses idées. Le jeune homme déposa devant nous les escargots, un panier de pain et une carafe perlée de buée, puis nous souhaita bon appétit. Les exercices pratiques pouvaient commencer. Leçon n° 1 : comment manger un escargot.

J'avais devant moi un cure-dents et une feuille d'aluminium rectangulaire creusée en relief d'une douzaine d'alvéoles. Les escargots étaient nichés dans chacune d'elles et la chaleur montait de leurs coquilles.

L'émouvant fumet aiguisait ma faim, mais ma première tentative pour saisir une coquille se solda par un échec cuisant — ou tout au moins brûlant. Le matériel dont je disposais ne comprenait pas ces pinces miniatures proposées aux amateurs d'escargots dans les restaurants plus luxueux. En regardant comment s'y prenait mon compagnon, je fus témoin d'un intéressant exemple d'ingéniosité pratique œuvrant au service de l'estomac. Maurin avait évidé la mie d'une tranche de pain et se servait de la croûte comme de tenailles. De l'autre main, le petit doigt délicatement levé, il ajustait son cure-dents, piquait la bête et, d'un preste demi-tour du poignet, extrayait le contenu grésillant de sa gangue. Enfin, il portait la coquille à sa bouche et aspirait le jus persillé. Un jeu d'enfant.

Je l'imitai de mon mieux et réussis à extraire le premier escargot de sa coquille en ne causant que des dégâts mineurs — une giclée intempestive de beurre aillé sur ma chemise. Je contemplai ma pêche, un petit morceau sombre et fripé qui d'emblée n'excita pas mon appétit. Je me souvins alors des conseils de Régis : un escargot s'apprécie avec le nez, pas avec les yeux.

L'odeur était assurément plus agréable que la vision, et le goût était meilleur encore. Les détracteurs de l'escargot — dont la conviction n'égale

que l'ignorance — vous diront que l'animal a
autant de goût qu'un bout de caoutchouc aillé. Ils
n'ont jamais goûté les escargots de Martigny. L'ail
était là, bien sûr, mais délicat, onctueux, policé. Et
la chair était aussi tendre qu'un steak de premier
choix. Je bus le jus de la coquille, épongeai mon
menton avec un morceau de pain, prêt à écouter la
leçon suivante.

— Sur le plan nutritionnel, commença Maurin,
les escargots constituent un aliment de choix, pauvre
en graisse et riche en azote. Mais — un doigt impérieux s'agita sous mon nez — il faut prendre certaines précautions. Le régime de certains escargots
est susceptible d'envoyer un homme à l'hôpital ; les
gastéropodes ont une prédilection pour la ciguë
ainsi que pour quelques champignons vénéneux, à
commencer par les redoutables morilles noires.

Mon cure-dents chargé de son trophée s'arrêta
en vol, Maurin eut un grand sourire.

— Avec ceux-là, déclara-t-il, on ne risque rien.
Ce sont des escargots d'élevage, qui jamais n'ont pu
satisfaire leur humeur vagabonde. Le problème se
pose avec les escargots sauvages, qui errent à travers
champs et se rassasient de ces mortelles friandises.
Toutefois, si l'on met ces escargots sauvages à la
diète pendant quinze jours, on peut les manger
sans danger, et leur chair est un vrai délice. Au
terme de ce jeûne, l'escargot est examiné avec soin,
lavé à trois reprises dans l'eau tiède et sa coquille

est bien brossée. C'est ce qu'on appelle « la toilette des escargots ».

— Assurément, dis-je, ils ne doivent alors plus être au mieux de leur forme, pour ne pas dire morts.

— Mais pas du tout ! s'indigna Maurin. L'escargot peut subsister longtemps sans nourriture. Écoutez plutôt cette histoire : mon ami Locard, qui a les yeux plus gros que le ventre, avait acheté plus d'escargots que son estomac ne pouvait en digérer. Il mit le surplus dans un sac qu'il entreposa — allez savoir pourquoi — au fond de sa penderie. Dix-huit mois plus tard, Locard retrouva par hasard le sac, plein de coquilles. Toujours optimiste, il les plongea dans un seau d'eau et, à sa stupéfaction, les gastéropodes retrouvèrent vie.

Inspirés par cet incroyable instinct de survie, Maurin et moi demandâmes chacun une autre douzaine d'escargots. Je commençais à avoir le coup de main mais, malgré toute mon application, le jus posait toujours problème. Que les novices de la dégustation d'escargots soient avertis : il n'existe que deux moyens éprouvés de garder vos vêtements propres, la nudité ou le bavoir.

Incité sans doute par le spectacle du couple voisin qui, entre deux escargots, s'échangeaient de longs baisers, Maurin aborda un nouveau chapitre : la vie sexuelle des gastéropodes. Nous étions en mai, expliqua-t-il, début de la saison des amours, moment heureux où l'hermaphrodite laisse enfin libre cours à ses fantasmes. Et dans ce domaine, comme tout ce qui touche à la vie de l'escargot, il ne s'agit pas de se précipiter.

Les mains de Maurin esquissèrent des gestes d'une intimité vague mais suggestive, ses doigts s'agitaient et s'entortillaient. Durant les préliminaires amoureux, les escargots se poursuivent plusieurs heures, le temps nécessaire en somme pour prendre une décision quant à leur genre respectif. La situation une fois éclaircie vient l'heure de l'accouplement, qui peut durer « un bon moment », à en croire Maurin. Dix à quinze jours plus tard, ils pondent entre soixante et cent œufs. Pour les survivants, l'espérance de vie est de six ou sept ans. Maurin s'interrompit pour boire une gorgée de vin et je lui posai la question qui me tarabustait : comment se décide le sexe des deux partenaires hermaphrodites ? Télépathie ? Odeur ? Position de la lune ? Discrets signaux des cornes ? La moindre confusion dans ce domaine fondamental peut gâcher une charmante soirée. Maurin fut malheureusement incapable de me donner une réponse précise et scientifiquement vérifiée. « Ils s'arrangent », voilà tout ce qu'il put dire.

Préférant l'agréable fraîcheur du restaurant à la chaleur de l'après-midi, nous nous partageâmes une autre douzaine. Les escargots, comme les friandises à grignoter, se laissent manger machinalement : on trouve toujours la place d'en engranger un peu plus. Nous dégustions des gros blancs, ou escargots de Bourgogne, une variété nettement plus distinguée que celle du petit-gris. Maurin me mit en garde à ce sujet.

— Sachez que le monde des escargots n'est pas tout rose. De nombreuses escroqueries sont à déplorer. L'une des plus courantes consiste à faire passer le petit-gris pour son cousin de Bourgogne, plus imposant et plus coûteux. Par un recyclage non dénué d'imagination, les coquilles vides occupées jadis par les escargots de Bourgogne sont réutilisées. Dans chaque spacieuse coquille, on dispose un petit gris, en ajoutant de la farce pour occuper l'espace libre. Et le tour est joué, le client qui paie pour le plus gros et le meilleur se fait lamentablement berner. C'est un véritable scandale ! Sans parler d'une menace plus insidieuse encore, la filière chinoise.

Maurin prit son air le plus grave et le plus consterné.

— Les mollusques asiatiques, importés en quantités industrielles, osent en toute impunité se faire passer pour d'honnêtes escargots français !

Je savais que les Chinois étaient accusés d'infiltrer les marchés de la grenouille et de la truffe. Ces escrocs à la similitruffe et autres passeurs de grenouilles bénéficiaient évidemment de la coopération d'associés français, mais, bizarrement, ce fait n'était jamais évoqué. Je doute qu'un vendeur arrivant de Beijing avec une mallette d'échantillons bourrée de truffes presque authentiques et de grenouilles frôlant la première classe passe inaperçu dans le petit monde de la gastronomie française.

L'ingéniosité des Chinois était sans bornes. Pour preuve, Maurin tira du fond de sa poche une coupure de presse froissée.

— Du foie gras, dit-il d'une voix désespérée. Voilà maintenant qu'ils font du foie gras...

Je lus l'article pendant qu'il se consolait avec la carafe. Deux hommes d'affaires entreprenants, M. Chang et M. Wu, avaient récemment mis sur pied un élevage d'oies dans la région de Hepu, à la frontière vietnamienne. Cet élevage colossal produisait annuellement mille tonnes d'un pur et authentique foie gras d'oie — soit deux fois plus que la production française courante.

— Alors, que faire ? (Maurin leva les mains et les laissa retomber sur la table d'un geste consterné.) Où cela s'arrêtera-t-il ?

Nous étions maintenant seuls à table. Nos voisins les amoureux s'en étaient allés, unis au niveau des hanches comme des siamois, pour gagner, j'aimais à le croire, un des tas de matelas ; les préliminaires ayant été réglés au cours du déjeuner. J'étais à court de questions et Maurin manifestait quelques signes de fatigue imputables à l'effet conjugué des escrocs chinois et du gewurz. Une petite sieste s'imposait avant de retourner aux festivités. Nous échangeâmes un de ces chaleureux adieux et l'une de ces promesses, sincères mais rarement tenues, de se retrouver l'année suivante au même endroit pour déguster encore quelques douzaines.

De retour à l'hôtel, je tirai de ma poche une coquille gardée en souvenir et la lavai à trois reprises, selon les règles. Comme ma chemise, elle gardait encore un parfum résiduel d'ail. En contemplant cette coquille si parfaitement ergonomique et ses somptueuses rayures caramel, je m'interrogeai sur la santé mentale du premier homme qui goûta un jour un escargot. L'homme qui, à la vue d'un mollusque baveux et pestilentiel, s'était écrié : « Mmm ! Ça a l'air bon ! »

Déjeuner déshabillé

Il y a bien, bien longtemps, quand les riches oisifs alors dignes de ce nom avaient du temps et des serviteurs à revendre, il était de coutume après une journée champêtre de se changer pour le dîner. Comme le disait Robert Benchley : « Débarrassons-nous de ces vêtements trempés pour nous plonger dans un Martini dry. » Aux tweeds humides, pantalons de pêche dégoulinants, culottes de golf boueuses et autres vestes d'équitation empestant l'écurie succédaient ainsi des tenues de soirée dont les taches de potage du dîner de la veille avaient été soigneusement retirées par le valet de chambre.

Ce rituel élitiste ne tarda pas à frapper l'attention des restaurateurs, toujours prêts à attirer chez eux des appétits au solide compte en banque. Ainsi naquit le code vestimentaire du restaurant qui décréta qu'un homme prenant un repas en public devait avoir un costume et une cravate, des ongles manucurés et des chaussures cirées.

Aujourd'hui, les établissements les plus cotés et les plus luxueux insistent toujours pour que leur clientèle masculine arbore veste et cravate. En France pourtant, il en va tout autrement. Dans ce pays où la mode tient une si grande place, les clients des meilleures tables frappent souvent le visiteur étranger par leur décontraction. Aucun restaurant, même scintillant d'étoiles, ne vous éconduira si vous vous avisez de vous présenter sans cravate. Quant à cet édit humiliant vous autorisant à franchir le seuil si vous acceptez de porter une cravate d'emprunt — en général une relique graisseuse choisie parmi les laissés-pour-compte du directeur —, voilà une chose inimaginable dans un bon restaurant français.

Le meilleur exemple de cette joyeuse désinvolture est le *Club 55*, un restaurant de la plage de Pampelonne, à quelques kilomètres au sud de Saint-Tropez.

Je connaissais le *Club 55* de réputation seulement. Jamais je ne m'y étais rendu. L'occasion se présenta sous les traits de mon ami Bruno, qui eut la gentillesse de m'appeler.

— Alors, dit-il, on fait toujours semblant d'écrire ? De quoi s'agit-il cette fois ?

— J'entame des recherches pour un livre sur les foires et les festivals gastronomiques hors du commun. Grenouilles et truffes, boudin, escargots, tripes. Ce genre de choses.

— Ah, fit-il. Les festivals. Eh bien, il y en a un par ici qui mériterait ton attention, si un peu de chair nue ne te gêne pas. C'est la « fête des nanas ».

— Tu veux dire...

— Les filles, mon ami, les filles. De tout âge. Beaucoup ne portent guère plus qu'un mouchoir. Un magnifique spectacle par une journée enso-leillée. Tu ferais mieux de venir avant que le temps ne se gâte et qu'elles remettent leurs vêtements.

Cela n'avait guère l'air d'un événement suscep-tible d'avoir sa place dans les guides officiels ou les calendriers des célébrations culturelles. Mais je fai-sais confiance au jugement infaillible de mon ami Bruno en la matière.

— Où cela se passe-t-il ? demandai-je.

— Au *Club 55*, tous les jours, sauf quand il pleut parce que les filles n'aiment pas mouiller leurs lunettes de soleil. Tu devrais vraiment venir te documenter. Je n'ai jamais vu autant de filles porter si peu de choses.

En descendant la route en lacet de La Garde-Freinet à la Côte en compagnie de ma femme, je

142

me demandais comment un établissement avait réussi non seulement à survivre mais à rester à la mode durant plusieurs décennies. Le *Club 55*, d'après le bref historique de Bruno, faisait figure d'ancêtre parmi les restaurants de la Riviera. Il avait été fondé en 1955 par Geneviève et Bernard de Colmont, les premiers Français à avoir descendu en canoë le Colorado par le Grand Canyon. Saint-Tropez en ce temps-là était un village de pêcheurs et le *Club 55* tenait plus de la cabane que du restaurant. Les Colmont y servaient des sardines grillées à leurs amis et connaissances. Ils éconduisaient les importuns en déclarant que leur établissement était un club privé. Très vite, le menu s'étoffa, le restaurant prospéra : on pouvait y déguster un poisson frais grillé accompagné d'un honnête rosé, et cela sans s'encombrer de trop de vêtements.

Là-dessus, en 1956, arrivèrent Brigitte Bardot et Roger Vadim venus tourner *Et Dieu créa la femme*, le film qui immortalisa Saint-Tropez. L'équipe de tournage, composée de Français, était comme il se doit prête à se mutiner si la nourriture laissait à désirer. Mme de Colmont leur assura chaque jour le déjeuner. La nouvelle se répandit et, avec les années, la foule se pressa au *Club 55*. Patrice, le fils de Geneviève, reprit la direction du restaurant au milieu des années 80.

À l'époque de ma visite, le *Club 55* entamait sa quarante-cinquième année. Cet âge est d'autant plus respectable que tous les établissements de la région — boutiques, restaurants, hôtels, boîtes de nuit — changent généralement de main à une cadence infernale. Seules exceptions notables : *La Colombe d'or*, la famille princière monégasque et le casino de Monte-Carlo.

Qui pourrait reprocher à des propriétaires exténués de vendre ? Les foules envahissant la Côte à chaque saison ne sont ni des plus agréables ni des mieux élevées. À en croire la rumeur, la palme en la matière reviendrait aux Russes — suivis de près par les Allemands, les Britanniques et les Parisiens. « Les Russes d'aujourd'hui ont tant d'argent que c'en est obscène, m'expliqua le propriétaire d'un bar local. Certes, cela ne gêne personne ici. Mais ils ont toujours l'air si malheureux... Leurs soirées se terminent bien souvent de la même manière, ils s'enivrent et se mettent à pleurer. Ce doit être dans leurs gènes. »

La crise de larmes est encore bien anodine comparée aux travers de certains touristes. Arrogance, ladrerie, impatience, manque de considération, brimades, malhonnêteté, menus larcins (cendriers, serviettes de toilette, argenterie, peignoirs de bain), manie de cirer les chaussures sur les rideaux de l'hôtel : tout cela et bien d'autres vices plus graves encore viennent à bout de la patience et de la modération des directeurs d'établissements. Voilà qui démontre bien le mérite du *Club 55*.

Les abords du restaurant avaient des allures de Californie, patrie spirituelle des voituriers : des jeunes gens s'empressaient de libérer les clients de leur véhicule, d'autres — en shorts bien coupés, lunettes de soleil miroirs, hâle parfait et satiné — manœuvraient les voitures dans une bruyante nonchalance. Notre Peugeot vieillissante fut reléguée à l'arrière du parking pour ne pas faire baisser le standing des premiers rangs où des jouets de quelques centaines de milliers de dollars — Jaguar, Porsche et Mercedes — cuisaient au soleil.

Il était treize heures, le restaurant était à moitié plein ; nous trouvâmes Janine et Bruno déjà installés, une bouteille de vin marinant dans un seau à glace.

— Encore un peu tôt pour voir la scène vraiment animée, dit Bruno.

Les « nanas », apparemment, préféraient déjeuner plus tard. Nous avions tout le temps d'inspecter les lieux.

Le soleil admirablement diffusé filtrait par les bâches décolorées, tendues sur des poutres blanchies à la chaux. En se réfléchissant sur les nappes bleu pâle, cette clarté flattait le teint des clients attablés. Tous semblaient incroyablement en forme. Garçons et serveuses, impeccables dans leurs tenues blanches, distribuaient les menus et les bouteilles bien fraîches.

Par-delà quelques arbres un peu rabougris mais tenaces ayant pris racine au milieu de carreaux de terre cuite entre les tables, on apercevait le bleu étincelant de la Méditerranée et la silhouette d'un

immense yacht à trois ponts, chargé à n'en pas douter d'une foule de passagers prestigieux.

Patrice s'arrêta à notre table pour saluer nos amis
et jeter le coup d'œil du professionnel sur nos verres
et nos assiettes. Affable, détendu, rompu aux usages
du monde et doué d'une remarquable mémoire des
noms et des visages, il a vu défiler tous les personnages de la Côte d'Azur : vedettes de cinéma et poli-
ticiens, financiers, trafiquants d'armes, dictateurs en
cavale, couples illicites, aristocrates décavés, manne-
quins et photographes en vogue, gigolos et dames de
petite vertu.

Patrice nous souhaita bon appétit et poursuivit
son chemin, inspectant les tables, supervisant le
personnel, surveillant l'entrée pour repérer les
nouveaux arrivants — souriant, toujours souriant.
Je demandai comment il parvenait à rester charmant sept jours par semaine avec quelques clients
vraiment venimeux.

— Le secret, dit Bruno, c'est qu'il le fait seulement une fois par jour, car le *Club* n'est ouvert que
pour le déjeuner. (Il me regarda en souriant par-
dessus son menu.) Mais attention, avec un peu de
chance, le déjeuner peut souvent se prolonger jusqu'à six heures du soir... Alors, que vas-tu prendre ?
Nous ferions mieux de commander avant la ruée.

Nous commandâmes du mesclun, des moules et
une friture. Nos verres s'emplirent à nouveau de
vin. Sur la plage, deux hommes, chacun avec un

téléphone mobile, avaient les yeux rivés sur le gros yacht.

— Des gardes du corps, dit Bruno. Ça fait une demi-heure qu'ils traînent ici pour s'assurer de l'absence d'éventuels kidnappeurs cachés dans la salade.

Nous regardâmes un canot quitter le navire amiral, laissant dans l'eau un long sillage blanc. Je distinguai un homme debout à l'arrière, une main à son oreille. Comment faisaient donc les gardes du corps dans de telles circonstances pour communiquer avant l'invention des portables ? Ils agitaient des drapeaux ?

— Voilà les filles, annonçai-je à ma table.

Janine secoua sa tête blonde, en émettant ces petits clappements de langue dont les Français raffolent quand vous avancez une opinion avec laquelle ils ne sont pas d'accord.

— Pas de chance, dit-elle. Avec trois gardes du corps, ce doit être plutôt les petits-enfants de Eltsine.

Il s'agissait en tout cas de V.I.P. ; le restaurant tout entier regarda un des gardes du corps conduire ses précieux protégés jusqu'à une table voisine de la nôtre. Hélas, il ne s'agissait que d'une famille américaine parfaitement normale (encore qu'anormalement riche), avec casquettes de base-ball incorporées. Deux des gardes du corps restèrent en faction sur la plage pour déjouer une éventuelle attaque de sirènes. Celui qui vint se poster contre le mur derrière nous cachait dans sa banane, j'en étais certain, une poignée de grenades explosives et une mitraillette Uzi miniature. Je remarquais avec appréhension que, si les choses tournaient mal, si un individu esquissait un geste menaçant à l'égard des casquettes de base-ball, notre table se trouvait juste dans la ligne de tir.

Un coup de coude de Janine vint bientôt chasser la crainte que j'avais de vivre mon dernier repas.

— Voilà, les nanas arrivent !

Elles étaient trois, et elles avaient vingt ans. Elles naviguaient entre les tables sur des chaussures à talons compensés, grande mode de cette saison-là. Elles avaient ce hâle lumineux bien installé, impossible à obtenir dans le cadre de vacances normales — exigeant des semaines d'huilage expert et de judicieux rôtissage. Même les interstices entre leurs doigts de pied devaient avoir la même couleur caramel que leurs jambes interminables, leurs ventres élégamment creux et leurs petits seins insolents et haut perchés. Elles avaient toutes fait le même effort de pudeur en se drapant autour des hanches de légers paréos de couleurs vives. Mais, par une malchance extraordinaire, le tissu devenu humide durant le trajet jusqu'au restaurant s'accrochait comme une seconde peau à toutes les fissures et à toutes les déclivités qu'il était censé dissimuler.

— Tu as vu la fille derrière ? demanda Bruno. Je te jure, son soutien-gorge est plus petit que ses lunettes de soleil. (Son regard se tourna vers l'entrée.) Je me demande où sont les portefeuilles.

En fait, le trio des jeunes grâces se contentait d'un unique compagnon, un homme plus âgé au visage tanné, et dont la toison pectorale grisonnante bouillonnait par l'échancrure de la chemise. Il s'installa au milieu de ses filles, disposa son matériel sur la table (cigarettes, briquet en or et téléphone portable) avant de se pencher pour pincer la joue d'une des nanas.

— Bien entendu, fit Janine avec un petit reniflement dédaigneux, c'est leur oncle.

Il faut vraiment une Française pour repérer ces lointains liens de parenté.

Par rafales, de nouveaux arrivants survenaient, circulant parmi les tables pour saluer les relations perdues de vue, au moins depuis le dîner de la veille. L'air retentissait d'exclamations de joyeuse surprise « Tiens ! C'est toi ! », et du petit claquement des baisers mondains. Le festival de nanas s'animant, il était possible d'identifier deux générations distinctes d'après le choix de leurs tenues. Pour les jeunes : bikinis résiduels (avec casquettes en option), shorts rognés jusqu'à la limite de la décence révélant une amorce de la courbe intérieure de la fesse, T-shirts portés en robe. À côté d'elles, les dames d'un âge plus mûr étaient plus discrètes : sarongs, chemises de soie, pantalons de gaze transparente — dans certains cas un peu trop transparente — décolletés profonds et bijoux clinquants. À noter également, une étonnante exposition d'œuvres de chirurgiens esthétiques plus ou moins doués.

Janine se targuait de pouvoir repérer un lifting à vingt pas. Ainsi, lors d'un récent dîner, trois des convives, dont un homme, exhibaient un « lifting signé » : tous trois, pouvait-elle affirmer, avaient été opérés par le même chirurgien.

Ces maîtres du remodelage signaient-ils véritablement leurs œuvres ? Et, dans ce cas, où ? Et comment ? La marque du fabricant sous le sein gauche ? Un monogramme derrière l'oreille ? Une vraie signature tatouée quelque part dans les parages duveteux du haut de la cuisse ? À notre époque où tout le monde tient tellement à afficher son statut cela ne m'aurait pas surpris. Mais, apparemment, il n'y avait rien là d'aussi grossier : il fallait plutôt y voir une question de style personnel, un peu comme la coupe inimitable d'un grand couturier. La chirurgie esthétique a ses Dior et ses Chanel et, en regardant une mâchoire bien ciselée et étonnamment ferme ou un buste élégamment étayé, l'œil expert peut souvent identifier l'artiste.

Chez certaines femmes, le besoin de bricoler la nature est une véritable manie ; on commence par un léger estompage des pattes-d'oie puis on descend progressivement jusqu'à ce qu'il ne reste plus grand-chose de la « carrosserie » d'origine. Janine nous parla d'un personnage légendaire de la Côte d'Azur qui avait subi tant de liftings que, lorsqu'il souriait, on pouvait voir la peau de ses chevilles se tendre vers le haut.

— En voici une autre ayant surpassé ses besoins, dit Janine, en désignant de la tête une femme d'un certain âge qui bavardait avec des amis avant de gagner sa table. Regarde bien quand elle lève les bras. Tu vois ? C'est ce que j'appelle « la poitrine fixée ». Les seins ne bougent pas. On les a cousus comme des boutons sur un gilet.

Je ne m'en serais sans doute pas aperçu. Mais, dès l'instant où j'en fus informé, je trouvai le phénomène si fascinant que je dus faire un effort pour détourner mon regard.

— C'est terrible, dis-je à Bruno. Je ne peux pas m'empêcher de la regarder.

— Pourquoi crois-tu qu'elle l'a fait ? demanda-t-il en haussant les épaules. C'est un spectacle. Les décors ici sont faits pour être vus.

Il nous raconta à preuve une petite scène dont il avait été témoin.

Une ravissante jeune femme généreusement pourvue par la nature s'aperçut, au cours d'une conversation particulièrement animée, qu'un de ses seins était parvenu à s'échapper de son maillot de bain. Elle aurait pu discrètement faire regagner sa place à l'espiègle, mais elle préféra pousser un « Oh, là, là ! » perçant. L'effet désiré fut obtenu : tous les yeux des tables voisines se braquèrent sur la jeune femme. Un des spectateurs masculins se montra plein de compassion : « Garçon ! Soyez gentil, apportez deux grandes cuillers à cette dame. Pas trop froides, les cuillers, n'est-ce pas ? »

À lire, cette « crise de sein » paraît extrêmement invraisemblable. Mais cernés comme nous l'étions de tant de nudité, nous fûmes aisément convaincus de sa véracité. Personne, aucune femme en tout cas ne s'était habillée pour passer inaperçue. Chez deux femmes ayant depuis longtemps passé la fleur de l'âge, l'optimisme l'emportait sur les années : maillot de bain léopard, mini-jupe en résine noire et collants transparents à motif floral. À voir leurs chairs frémissantes, on comprenait à quel point les lois de la pesanteur étaient leurs éternelles ennemies. Se croyant encore les vedettes de la plage, assurées de leur impérissable séduction, ces deux femmes n'avaient pas voulu reconnaître le passage du temps...

Les cavaliers ne faisaient guère honneur à leurs compagnes. Ils n'étaient pour la plupart pas beaux à regarder. Certains — sans doute capitaines d'industrie en permission — n'auraient même pas, sur le plan vestimentaire, pu obtenir une place de plongeur aux cuisines, encore moins de serveur. Le cheveu en bataille, ils semblaient avoir dormi dans leurs shorts chiffonnés et leurs chemises défraîchies. Ils rayonnaient de négligence — un laisser-aller plein de suffisance qui proclamait au monde combien ils étaient assez importants pour ne pas avoir à se soucier de leur apparence.

Vers quinze heures, un arrivage de sexagénaires

améliora le niveau. Leurs tenues de yachtmen, vierges de tout logo et autre passementerie nautique des marins de pacotille, leur donnaient cette élégance fanée des vieux loups de mer. Plus impressionnant encore, les nouveaux arrivants étaient venus tout seuls de leurs bateaux, sans gardes du corps, sans téléphone portable. Ils amenaient avec eux un souffle de nostalgie : tout droit sortis d'une fête des années 20, ils avaient laissé derrière eux Scott Fitzgerald et Hemingway terminer leurs verres en s'échangeant de cinglantes remarques.

Notre serveur, prévenant une pénurie de vin, glissa une bouteille pleine dans notre seau à glace en demandant si nous aimerions des fraises des bois après le fromage. Oubliant tout ce monde, nous nous concentrâmes sur cette question cruciale.

Pour être toujours réussie, la cuisine de plage doit être simple, fraîche et sans fioritures. Une telle cuisine sur le sable s'accommode mal de plats en sauce, de sorbets aux plantes ou de pâtisseries fourrées à la crème. Tout cela est parfait dans les grands restaurants, mais pas ici. Quand on est assis les pieds dans le sable, il faut profiter du plaisir de déguster la mer tout en la contemplant. C'est un retour à la nature, même si le parking est encombré de Maserati.

La simplicité de la cuisine et la fraîcheur des produits du *Club 55* expliquent en partie son durable succès. Ses poissons, légumes et salades tout frais n'ont pas besoin pour se défendre de l'assistance d'un assaisonnement enthousiaste. Les frites deux fois immergées dans l'huile bouillante — la première fois pour la cuisson, la seconde pour le croustillant — sont proches de la perfection.

Toutefois, cette bonne nourriture vient en prime, elle n'est qu'une facette de l'expérience globale. Le repas terminé, après une énergique injection d'espresso comme prétexte pour s'attarder, plus rien ne vint détourner notre attention du spectacle de la salle.

Un homme entre deux âges, en jeans et lunettes rouge vif, un casque à la main, fendit la foule d'un air un peu anxieux, comme si sa moto s'en était allée sans lui. À deux tables de nous, une future nana, très jeune, très belle, assise avec ses parents et visiblement accablée d'ennui, essayait sa moue sensuelle sur les serveurs. Plus loin, des chiens pas plus grands que des sacs à main se gavaient à même la table de biscuits aux amandes. Il était seize heures et le reste du monde travaillait, cette pensée contribuait à la plaisante ambiance de décadence qui envahissait maintenant le restaurant.

Les butineurs qui allaient de table en table avaient perdu leur vibrionnante ardeur. Alanguis par le déjeuner, ils venaient en invités d'honneur apporter leur contribution aux longues discussions sur la meilleure façon d'occuper le reste de l'après-midi. Même les oisifs ont des problèmes. En tendant l'oreille, on apprenait que le ski nautique ne facilite pas la digestion, que le bain de soleil n'est pas recommandé pour la peau. (Commentaire étrange dans la bouche d'une nana couleur cacao.) Heureusement, le shopping ne présentait aucun risque sérieux pour la santé. Le *Club 55* ayant sa propre boutique, nous décidâmes d'aller y jeter un coup d'œil.

Le trajet d'une centaine de mètres séparant le restaurant de la boutique était un modèle de conception ingénieuse et de psychologie commerciale sophistiquée. Il était inspiré, je pense, de l'idée que la plupart des hommes ont horreur de faire les magasins avec leurs femmes. Ils n'ont aucune disposition pour cela et manquent pitoyablement de résistance. Ils se traînent, perdent courage et finissent par pousser hors de la boutique leurs compagnes réticentes à l'idée d'abandonner un lieu imparfaitement dévalisé. Le *Club 55* avait prévu cette éventualité peu rentable — l'achat *interruptus*. Deux aires de repos jalonnaient le chemin de la boutique.

La première halte était un bar, idéalement situé pour attirer les distraits qui auraient omis de prendre un digestif. Les maillots de bain y étaient encore plus résiduels qu'au restaurant, ou peut-être les corps étaient-ils simplement plus visibles. Les shoppeuses pouvaient parquer là leurs compagnons avec la certitude qu'ils ne s'y ennuieraient pas.

Quelques mètres plus loin, de confortables chaises longues faisaient face à la mer. Tous les sièges étaient occupés par des hommes d'une étrange espèce.

Sans se soucier des merveilles que la nature étalait sous leurs yeux (certaines ne portant guère plus qu'un peu d'huile solaire), ils braillaient leurs instructions à un bureau lointain, au capitaine de leur yacht, à leurs courtiers, à leurs agents immobiliers. Quelque chose dans les téléphones portables — je n'ai pas encore réussi à trouver quoi — semble obliger leurs utilisateurs à élever la voix et ainsi à faire profiter leur voisinage des détails de leurs conversations. C'est devenu une nuisance à laquelle il est pratiquement impossible d'échapper et j'attends avec impatience le jour où les accros du téléphone portable, comme les fumeurs, seront regroupés et exilés. De préférence dans une salle insonorisée.

Dans la boutique, pas de cris, juste le léger froissement des billets de banque. Des silhouettes plus ou moins dévêtues entraient et sortaient de la cabine d'essayage. Les ventes allaient bon train. Les hommes étaient rares. On passerait les prendre plus tard pour leur charger les bras de paquets et les entraîner vers Dieu sait quels autres plaisirs.

D'abord, il faudrait reprendre la voiture et la tâche n'était pas simple. Comme nous revenions le long de la plage et que le soleil entamait son plongeon vespéral, Bruno me raconta l'histoire de cet homme — un de ces capitaines d'industrie aux airs de SDF — qui attendait que le voiturier lui ramène sa Bentley. Un jeune couple survint alors sur le parking. Le jeune homme se dirigea vers le capitaine d'industrie et lui glissa dans la main un billet de cinquante francs. « La mienne, dit-il, c'est la Ferrari jaune vif là-bas. Attention de ne pas érafler la carrosserie. » On imagine les sentiments du pauvre homme. Vénéré par sa secrétaire, respecté par les analystes financiers, traité avec déférence par tout son entourage, il était parvenu au grisant sommet de la réussite pour un jour être pris pour un cowboy de parking. Quel désastre !

Le lendemain matin, en rentrant à la maison, nous constatâmes que les habitants de notre village étaient habillés de la tête aux pieds. Pis, je dus garer la voiture sans l'assistance d'aucun professionnel. Nous fûmes accueillis par des chiens qui n'avaient jamais connu le plaisir de s'asseoir au restaurant sur les genoux de leurs maîtresses et par un individu qui nous apprit que notre plomberie avait émis en notre absence des bruits mystérieux. Notre brève escapade hors de la vie réelle était bel et bien terminée.

Un marathon pour connaisseurs

Le marathon du Médoc se court parmi les grands vignobles du Bordelais. Cette course respecte précisément la distance officielle : 42,195 km. Là s'arrête toute ressemblance avec un marathon conventionnel.

Les coureurs sont vivement encouragés à se déguiser, tenue excentrique de rigueur. Pour les rafraîchir durant leur effort, un vin de qualité supérieure est à leur disposition aux vingt points de dégustation qui jalonnent le parcours. Ceux qui s'arrêtent pour boire un petit coup n'iront probablement pas pulvériser les records mondiaux, mais, dans cette épreuve conviviale, la vitesse est l'ennemie du plaisir. Il s'agit avant tout de prendre du bon temps, de participer à l'épreuve la plus mémorable de course d'endurance se déroulant en France dans la campagne la plus civilisée de la terre.

Je n'ai jamais associé dans mon esprit la course à pied avec le plaisir et encore moins avec l'alcool. Les sérieux partisans du jogging qui trottinent dans les rues ou sur des sentiers de campagne expriment tous les signes de joie manifestés par des victimes de torture : œil vitreux, bouche béante, visage crispé, ruisselant par chaque pore de sueur et de souffrance. À n'en pas douter, ils pensent plus souvent à une fracture du métatarse et aux horreurs d'un mamelon irrité qu'au petit bonheur d'un verre de vin. À mes yeux, courir m'a toujours paru une occupation pénible et sans joie, un passe-temps pour masochiste.

En entendant parler du marathon du Médoc, je fus séduit par l'idée de rencontrer un autre genre de coureurs : des gens ayant le goût du déguisement et un penchant pour le raisin fermenté. La possibilité de combler une des nombreuses lacunes de mon éducation sportive s'offrait à moi. Je dois l'avouer, j'étais poussé aussi par deux autres motifs ; les châteaux du Bordelais, comptant parmi les plus élégantes demeures jamais bâties, et leurs attraits liquides : lynch-bages, lafite-rothschild, phelan-ségur, latour, pontet-canet, beychevelle, clos-d'estournel — s'il existe au paradis une carte des vins dressée par le Grand Sommelier du Ciel, voilà des noms qui y figurent à coup sûr.

Un soir, en travaillant mon coup de tire-bouchon, je me pris à songer à tous les événements gastronomiques auxquels j'avais assisté dans des régions peu connues de France. Ces manifestations baignaient dans l'optimisme aveugle : une date, quelques détails sommaires du programme fournis par un organisateur volontaire — épouse du maire, capitaine des pompiers, boucher local —, pas davantage. Chaque fois, c'est la surprise, vous ne savez absolument pas si vous allez trouver une foule en liesse ou trois hommes et un chien morose assis tout seuls sur la place du village.

L'organisation du marathon était d'une tout autre ampleur. Les fax se succédaient, les informations affluaient. Rien n'arrêtait la merveilleuse Mme Holley, de l'office du tourisme local. Puis un beau matin, à la lecture d'un énième fax, ma femme comprit soudain qu'il ne s'agissait pas d'une simple course à pied : Mme Holley nous invitait pour le week-end au château Pichon-Longueville. Je vis une lueur s'allumer dans le regard de mon épouse.

— Je crois ne te l'avoir jamais dit, déclara-t-elle, mais j'ai toujours rêvé d'assister à un marathon.

Nous arrivâmes en fin d'après-midi, le soleil de septembre déclinant sur les vignobles baignait le château d'une flatteuse lumière pâle et dorée ; non pas que Pichon-Longueville ait besoin d'être flatté.

Construit en 1851, une période architecturale où les tourelles étaient très à la mode, Pichon (c'est agréable d'appeler un château par son prénom) pourrait servir de modèle à un château de conte de fées plein de princesses et de damoiselles en détresse. Les tourelles, couronnées d'ardoise noire et effilées comme des chapeaux de sorcière, se dressent à chaque angle du toit pointu. Les grandes fenêtres aux proportions parfaites surplombent l'élégant perron qui mène à l'entrée principale. De là, il est aisé de se prendre quelques minutes pour un digne membre de la noblesse viticole et de contempler avec satisfaction ce superbe domaine.

Au premier coup d'œil sur le jardin, on comprend comment les gens des châteaux du Bordelais traitent la nature : ils la disciplinent. Ils y mettent de l'ordre, lui imposent une forme, la tondent, la lissent. Les arbres s'alignent sur des avenues comme à la parade ou bien sont plantés en groupes d'une stricte symétrie. Les pelouses sont rasées, le gravier ratissé et l'eau — en l'occurrence un petit lac entouré d'une bordure de pierres rectangulaires — est circonscrite. Au-delà du lac, de l'autre côté de la route, l'horizon est vert. À perte de vue, les vignes sont alignées et taillées au cordeau.

Cet après-midi-là, les hommes étaient les seuls à rompre cette sévère harmonie. On déchargeait des tables à tréteaux pour les dresser devant le lac, on ouvrait des caisses de bouteilles, on astiquait les verres... Six cents coureurs venaient dîner au châ-

teau et les apéritifs seraient servis dans le parc. Pas
de doute : c'était tout à fait mon genre de marathon.

Pichon possède près de trente hectares de vignes.
Un rosier ponctue chaque rangée. C'est un système
d'alerte très décoratif : les insectes et les maladies
attaquent les roses avant les vignes, le vigneron est
ainsi mis en garde assez tôt pour traiter les ceps.
Ils étaient donc là, ces petits bijoux, ces grappes
tendres et pourpres de cabernet-sauvignon, ces
vignes qui luttaient depuis trente ans ou davantage
dans le sable sec et sablonneux. « La vigne doit
souffrir » est l'un des refrains du Bordelais. Sans
doute y a-t-il aussi une loi locale interdisant le
séjour aux mauvaises herbes. Tout en arpentant le
vignoble, nous guettâmes vainement la moindre
touffe : autant chercher une aiguille dans une
meule de foin.

Le travail, essentiellement manuel, qu'implique
l'entretien d'un grand vignoble dépasse l'imagination. D'abord, l'investissement est colossal. Les
risques d'intempéries échappent au contrôle de
l'homme : la pluie, la sécheresse, les averses de
grêle, les tempêtes inattendues, les gelées tardives
ou précoces sont autant d'ennemis. Tout peut être
anéanti du jour au lendemain. Je ne peux jamais
ouvrir une bouteille de vin sans songer aux efforts,
au talent et à la patience qu'elle a exigés. Somme
toute, le vin est une boisson bon marché.

Ces pensées me donnèrent soif.

Les échos d'une formation de jazz nous parvinrent du château. Nous revînmes sur nos pas, entraînés par *When the Saints Go Marching In*. La rumeur de la foule gonflait progressivement.

Les coureurs étaient arrivés et les apéritifs coulaient à flots. Un spectacle étrange : le château et son parc, empreints d'une solennelle dignité, contrastaient avec la cohue bruyante et décontractée. Chaussures de course à double semelle, shorts très courts révélant des cuisses et des jarrets impressionnants, gilets sans manches, T-shirts, sacs à dos, casquettes de base-ball — voilà la tenue de soirée de certains des convives. Pourquoi pas d'ailleurs ? La soirée était magnifique, du beau temps était annoncé pour la course du lendemain — « il ne pleut jamais pour le marathon », nous dit-on — et, à en croire la rumeur, le menu était un « Spécial coureurs », avec hydrates de carbone à gogo.

Pour commencer, nous prîmes un verre au château avec Sylvie Cazès-Regimbeau, chargée des relations publiques pour Pichon. Charmante, nullement affolée par ces six cents invités pour le dîner, elle nous abreuva de champagne et de statistiques impressionnantes.

Sur les dix-neuf mille candidats désireux de s'inscrire à l'épreuve de cette année, huit mille avaient obtenu satisfaction. Six mille d'entre eux se déguiseraient, le reste prendrait la course plus au sérieux, notamment l'actuel champion de France. Le plus jeune cette année avait vingt ans ; le plus âgé, soixante-quinze. On attendait plus de cinquante mille spectateurs.

C'était la seizième édition du marathon. Comme trois des fondateurs étaient médecins, l'assistance médicale était digne d'un grand hôpital : trois cents volontaires — cardiologues, internes, infirmières et spécialistes du pied ; quinze tentes de massage ; des examens cardio-vasculaires ; tout était prévu, de l'ongle incarné au pouls irrégulier en passant par le souffle cardiaque.

L'estomac non plus ne serait pas négligé. Outre les vingt-deux stands du parcours offrant des casse-croûte à forte teneur énergétique (et 35 000 litres d'eau de Vittel), les coureurs affamés trouveraient du réconfort auprès de 15 000 huîtres, 400 kilos d'entrecôte, 160 kilos de fromage et quelques milliers de litres de vin. Cela me donnait presque envie de me mettre à courir.

Les rumeurs d'une masse en mouvement, le piétinement d'une horde en pleine migration, montaient des jardins en contrebas. Les coureurs allaient dîner, ils se dirigeaient vers la ligne de départ, à l'entrée d'une immense tente dressée derrière le château.

— Bon, fit Sylvie. Allons dîner, nous aussi !

Nous nous enfonçâmes dans un mur de sons, comme si la soirée durait depuis des heures. Sur l'estrade, l'animateur avait le plus grand mal à faire taire son auditoire. Il parvint finalement à présenter certains concurrents venus de toute la France et des quatre coins du monde : Argentins, Brésiliens, Polonais, Mexicains, Japonais, Américains, Anglais, Canadiens, Danois, deux coureurs venus de Nouvelle-Calédonie et un intrépide Israélien. À chaque présentation, la tente croulait sous les applaudissements.

— Je vous en prie ! Je vous en prie ! Un peu de calme ! disait l'animateur en levant la main pour tenter d'apaiser le tapage. Je dois vous demander de vous abstenir de monter sur les tables, du moins jusqu'à la fin du dîner.

Et moi qui avais toujours pris les coureurs pour des gens calmes et bien élevés...

L'immense tente recouvrait presque toute la pelouse et abritait un arbre de plus de six mètres. Elle palpitait d'énergie : l'impatience collective de six cents personnes en pleine forme, prêtes à disputer la course et bouillant à l'idée de prendre du bon temps. De nouvelles acclamations saluèrent l'arrivée sur scène du guitariste de l'orchestre qui brandit son instrument au-dessus de sa tête — pour des raisons athlétiques ou musicales — tout en l'accordant pendant notre examen du menu.

Comme prévu, le repas promettait d'être riche en hydrates de carbone : salade de coquillettes au jambon, nouilles aux fruits de mer, crabes à la bordelaise, macaronis et daube au vin du Médoc, agrémentés de montagnes de pain et de quatre vins différents : deux blancs et deux rouges. Faute d'avoir été gratifié par la nature d'un métabolisme de bétonnière comme en ont les athlètes, je ne m'attendais pas, après un dîner pareil, à voir les concurrents en état de marcher le lendemain matin, encore moins de courir.

Là-dessus, après une brève introduction de l'animateur trop content de troquer son micro contre un verre de vin, l'estrade fut abandonnée à l'orchestre. Les musiciens, très stylés, portaient lunettes noires et feutres noirs. À l'arrivée du premier plat, la formation plongea tout droit dans les années 60 et y resta pratiquement pendant toute la soirée. Aux premiers langoureux accords de *Sittin' on the Dock of the Bay* retentirent des sifflets, des acclamations et des hourras ; les coureurs préféraient nettement le vin à l'eau. Un homme coiffé d'un béret basque rouge, un verre à la main, se leva pour apporter à l'orchestre un encouragement vocal. La tente frémit.

Les échos de la musique rendaient difficile la conversation à notre table. Nous songions donc à notre voyage en hélicoptère du lendemain matin, qui nous permettrait de voir d'un seul coup les huit mille coureurs. Nous étions attablés avec un peu moins de 10 % des concurrents ; cela laissait imaginer l'extraordinaire organisation qu'exigeait un événement de cette ampleur. Je restai muet d'admiration, la bouche pleine de pâtes.

L'orchestre attaqua un pot-pourri des classiques d'Aretha Franklin. Tandis que les haut-parleurs braillaient *Respect*, les quatre choristes s'en donnaient à cœur joie, reprenant après le chanteur les *dou-wop,* les *uh-huh* et autres *ooh* de rigueur. Leurs feutres volaient au vent, leurs cheveux tourbillonnaient, leurs hanches se balançaient, leurs bras rythmaient chaque claquement de mains. Aretha aurait été fière d'elles. Une des serveuses, emportée par la musique, esquissa vers la table un pas de boogie-woogie ; sa grosse jatte de pâtes tangua dangereusement. Les coureurs se levèrent pour danser, l'anarchie fut bientôt générale : on bondissait, sautait, trépignait, c'était le fox-trot du Médoc, le rock du marathon, le boogie cardio-vasculaire. La tente elle-même semblait se balancer, l'arbre tremblait. Jamais je n'aurais imaginé que les derniers préparatifs d'une rencontre sportive pussent être si réjouissants.

Le bordeaux était toujours préféré à l'eau. Le vin était servi sur les tables par corbeille de six bouteilles : tourelles-de-longueville 1994 et château-pichon-longueville 1992. Notre homme au béret rouge profita d'une pause de l'orchestre pour se lever et nous infliger son interprétation très personnelle d'un chant traditionnel basque. Il fit des émules. Les chansons à boire allemandes rivalisèrent avec de vieux airs français, des chœurs hollandais et un ou deux hymnes absolument incompréhensibles. La combinaison de vin et d'hydrates de carbone faisait son effet. L'orchestre retourna cette fois à ce qu'il présenta comme un hommage à Stevie Wonder, une file de danseurs de conga se forma, serpentant parmi les tables, autour de l'arbre et devant la scène. Une femme coiffée d'un feutre à large bord, arborant un T-shirt avec une feuille d'érable, s'arrêta devant notre table pour reprendre son souffle. « Whoou ! Ça ne se passe pas comme ça à Toronto ! » Je me demande quels auraient été les commentaires des premiers habitants du château.

Vers minuit, la musique ralentit. L'orchestre joua *Try a Little Tenderness*. Les couples s'étreignirent, collés l'un à l'autre, en nage, heureux et épuisés. Le lendemain ils devaient courir quarante kilomètres.

Nous quittâmes la tente pour faire le tour du château. Le gravier crissait sous nos pas, les hauts murs de pierre baignaient dans le flot des projecteurs, les tourelles noires se découpaient sur le ciel de la nuit, au loin, par-delà les vignobles, des points lumineux parsemaient les rives de la Gironde, le ciel était rempli d'étoiles. L'air, pur et frais, sentait bon l'automne. C'était un plaisir simple, celui d'être vivant.

Le lendemain matin, peu après six heures, nous fûmes réveillés par un grondement de moteurs. Par la fenêtre, je vis dans la nuit un flot de lumières. Des centaines de voitures, pare-chocs contre pare-chocs, rejoignaient Pauillac où le départ de la course serait donné trois heures plus tard. Ma femme était envoûtée par les merveilles de notre salle de bains — une pièce assez spacieuse pour donner une soirée, avec des marches pour accéder à une baignoire recouverte d'un baldaquin —, moi, je m'efforçais de mettre un peu d'ordre dans les notes prises la veille au soir. Je me débattais comme toujours avec de pauvres griffonnages froissés et tachés de vin. J'ai toujours du mal à écrire de façon intelligible quand je m'amuse, sans doute parce que ma main tient un verre quand ce devrait être une plume. Si seulement je pouvais me voir offrir pour Noël une mémoire photographique...

Au château, les autres invités prenaient déjà leurs petits déjeuners quand nous descendîmes dans la salle à manger. Trois d'entre eux devaient participer à la course. En short, ils avaient l'air accablé en songeant qu'ils allaient à moitié se tuer avant le déjeuner. Deux vieux marathoniens, forts de leur expérience, discutaient des temps à réaliser. Le troisième, un officier de marine d'un grade élevé, m'assura qu'il faisait là son premier et dernier marathon. Le temps semblait de leur côté : des nuages élevés, une brise légère, pas de soleil. Malheureusement pour eux, cela ne devait pas durer.

À huit heures, les voitures roulaient toujours pare-chocs contre pare-chocs. À mon grand étonnement, nous bénéficiâmes en débouchant de l'allée de notre château d'un droit seigneurial : la circulation s'interrompit avec beaucoup d'obligeance pour nous laisser nous introduire dans la file (phénomène extrêmement inhabituel en France). Sur la route de Pauillac, nous traversâmes les vignobles de Fonbadet, Cordeillan-Bages, Lynch-Bages et Bellegrave — bref, du point de vue des agents immobiliers, un voisinage tout à fait enviable.

À Pauillac, les costumiers semblaient s'être acharnés sur un film de Fellini. La ville regorgeait de gens bizarres — des hommes et des femmes en perruques époustouflantes, tutus en taffetas, robes de moine, tenues rayées de bagnard, postiches, cornes, chaînes, tatouages, jambes violettes, nez rouges, visages bleus. Il y avait même un ou deux individus en short et maillot de coureur.

Nous grimpâmes sur l'estrade qui dominait la ligne de départ. À nos pieds, la grand-rue était envahie d'un kaléidoscope de concurrents bruyants et peu communs. Déguisé en fraise, un homme, planté sur une jambe, faisait des exercices d'étirement tout en bavardant avec un ami ; un autre, au physique de joueur de rugby, s'efforçait d'enfiler une tenue d'infirmière. L'animateur parcourait la rue en interviewant les concurrents — « On ne peut pas plus s'amuser sur deux jambes ! » Il rappelait aux coureurs de préciser avant le départ aux organisateurs si leur préférence allait au vin rouge ou au vin blanc.

En jetant un coup d'œil derrière moi, j'observai une scène paisible et pittoresque. Des concurrents, une douzaine au moins, alignés sur la berge de la rivière, tournaient le dos à la route. Sans se soucier de la foule, ils avaient choisi d'ignorer les installations sanitaires, tout à fait convenables au demeurant. Marathon ou pas marathon, un Français trouvera toujours le temps de savourer les plaisirs du « pipi rustique ».

À neuf heures trente précises, les coureurs s'élancèrent. À leur tête, deux jeunes hommes à l'air fort sérieux jaillirent du peloton comme des lévriers, suivis de près par un petit lapin de style *Playboy* en bas noirs, perruque noire, oreilles blanches et joues mal rasées. Comme ces trois-là disparaissaient au loin, les sept mille sept cent quatre-vingt-dix-sept autres coureurs commencèrent à jouer des coudes en chantant, saluant et interpellant leurs copains. Un ou deux s'efforçaient même de courir, tâche quasi impossible au milieu de la masse humaine qui engorgeait la rue. En observant ce panorama mobile depuis l'estrade, nous fûmes frappés par le nombre d'hommes déguisés en femmes, un penchant que nous ne connaissions pas encore aux athlètes. Peut-être avions-nous mené jusque-là des existences trop protégées. Une autre préférence bien marquée chez les coureurs était la tenue de bébé avec bavoir et couche-culotte. Les femmes, en revanche, étaient le plus souvent habillées en femme : princesses, filles de ferme, religieuses, vierges vikings. Voilà qui aurait fait la joie d'un anthropologue.

Il fallut dix bonnes minutes au dernier travesti pour tourner le coin et braquer les cônes jumeaux de sa fausse poitrine en direction du château

171

Lynch-Bages. Les experts, debout auprès de nous, de toute évidence des sportifs, à en juger par leurs survêtements et leurs chaussures de course, allumèrent des cigarettes en hasardant des pronostics sur le temps du vainqueur. Le champion de France — que l'on avait vu à moins d'une encolure du petit lapin de *Playboy* — franchirait probablement la ligne d'arrivée dans moins de deux heures et demie, à moins qu'il ne s'arrête à l'une des buvettes du parcours. En toute logique, il remporterait le trophée du vainqueur — ni médaille, ni coupe d'argent, ni bouclier, un prix utile : son poids en vin.

Des spectateurs moins passionnés par les performances athlétiques commencèrent à s'égailler vers les bistrots de la ville : il s'agissait de perfectionner le lever de coude en attendant le retour des favoris. Nous nous entassâmes dans la voiture pour gagner notre première étape, le château Pontet-Canet.

La région vinicole commence juste à la sortie de Pauillac et, de toute évidence, la terre est trop précieuse pour la gaspiller en larges routes. Nous parcourions d'étroits chemins bordés de vignes plantées presque jusqu'au bord de la chaussée. Nous roulions dans le vert — des conduits identiques, toujours de même hauteur et de même consistance. Il y avait bien de temps en temps des aides à la navigation : un grand crucifix de pierre s'élevant au-dessus d'une mer de vignes, une tourelle au loin, une pierre de bornage. Il est utile d'être né ici quand on veut retrouver son chemin.

Pontet-Canet était, comme il n'a cessé de l'être depuis le XVIIIe siècle, magnifique. Pas un défaut dans la courbe de l'allée de gravier, pas une ramille dépassant dans les jardins. En arrivant dans la cour nous entendîmes, au-delà des applaudissements et des vivats des spectateurs, le gémissement plaintif de cornemuses. Était-ce *La Complainte du coureur* ou *Bordeaux la Fière* ? J'ai toujours du mal à distinguer les airs à la cornemuse. La musique était l'œuvre d'un cornemuseux en béret rouge installé avec d'autres musiciens sur une estrade faite de caisses de vin. À son béret, il était basque ; à son instrument, il était écossais. En fait c'était tout simplement un Pauillacais.

Les concurrents devaient passer à moins de deux mètres du stand qui se trouvait là. Nombre d'entre eux remirent la suite du parcours à plus tard : leur attention avait été sournoisement distraite par un homme du château. Posté au bord de l'éventaire, les bras levés comme une statue de la Liberté à deux poings, il brandissait dans chaque main le bienheureux verre de pontet-canet. Les coureurs sérieux, serrant contre eux leur bouteille de Vittel, détournaient le regard de la tentation et poursuivaient leur chemin. D'autres s'arrêtaient avec de grands soupirs de soulagement, s'emparaient d'un verre et se rassemblaient autour de la table de dégustation pour échanger leurs impressions avec les autres athlètes.

Croyez-vous qu'ils discutaient des temps des coureurs, des crampes qui leur coupaient les jambes et des tactiques de course ? Pas du tout : ils parlaient mode et conseils de beauté. L'un se plaignait de son mascara qui lui dégoulinait sur les joues et lui donnait l'air d'un panda effarouché. Un autre avait des problèmes avec sa longue jupe en taffetas qui collait malencontreusement à ses cuisses ruisselantes de sueur. Un troisième avait les lobes d'oreille endoloris par le poids excessif de ses boucles d'oreilles. Naturellement, le seul remède à ces divers maux était encore un autre verre de pontet-canet.

En observant l'arrivée des coureurs, je fus frappé par l'absence totale d'esprit de compétition. Ils se prodiguaient des encouragements, se laissaient distancer pour tenir compagnie à un traînard, préféraient visiblement le peloton à l'échappée. Nulle part je ne perçus le moindre signe de la traditionnelle solitude du coureur de fond.

Les spectateurs rassemblés çà et là le long du parcours applaudissaient, huaient, sifflaient, acclamaient. Certains brandissaient des bannières personnalisées : *Allez, Jean-Luc !* ou bien *Plus vite, Gérard !* « La fatigue, c'est purement mental, entendis-je proclamer par un enthousiaste. Ils ne sont pas fatigués. Ils ont juste soif. » Le soleil maintenant avait percé, le temps n'était plus aux déguisements où s'entassaient les jupons. Marie-Antoinette gravit en boitillant la côte du château, elle serrait d'une main sa bouteille d'eau et retroussait de l'autre les plis de sa crinoline. Je commençais à comprendre pourquoi tant d'hommes avaient choisi de courir en tenue de bébé, les jambes nues.

Un autre étonnant parcours au milieu des vignobles nous conduisit au château Lafite-Rothschild, berceau du breuvage le plus superbe et le plus aristocratique du monde. Le cadre alliait charme et distinction : la demeure située au faîte d'une petite colline dominait une pelouse aux airs de table de billard, un parc, un lac avec une fontaine et des rangées de gigantesques saules pleureurs. Et, comme il sied au plus éminent des châteaux, un orchestre de vingt musiciens accueillait les coureurs.

Quelques-uns des concurrents les plus pittoresques ajoutaient une touche d'exotisme à cette scène d'un raffinement sylvestre : les Sept Nains déboulèrent (Blanche-Neige avait sans doute été retenue par une dégustation), suivis d'un bourdon et d'une mariée en robe longue, lunettes de soleil et moustache exubérante. Brusquement nous aperçûmes un gentleman déguisé en... en quoi donc exactement ?

Il avait sur la tête une perruque d'un vert émeraude iridescent. Il portait autour du cou un harnais composé de deux monumentaux poitrails de corset roses qui rebondissaient sur son ventre. Un tablier recouvrait jusqu'aux genoux le devant du paysage, mais cette pudeur était toute symbolique. On avait peint sur son dos nu une flèche désignant son postérieur, lequel affichait en gros chiffres le prix attractif de 400 francs. Dans ce décor d'une distinction incomparable, il savourait un interlude musical en buvant à petites gorgées un verre de lafite-rothschild, en paix avec le monde. Il avait couru vingt-cinq kilomètres et semblait prêt à en affronter vingt autres, si son tablier restait en place.

Quelques minutes plus tard, nous redécouvrîmes Château-Lafite, depuis le ciel. L'hélicoptère m'inspire toujours des sentiments mêlés. Je n'aime pas l'idée du voyeur aérien, toujours prêt à venir fourrer son nez derrière les murs et les haies. Cette atteinte à la vie privée constitue un véritable délit. D'un autre côté, c'est un appareil fascinant qui nous offrit ce matin-là un spectacle extraordinaire. De l'horticulture à l'échelle épique : un paysage d'une impeccable symétrie défilait sous nos yeux, les châteaux avec leurs tourelles et leurs toits d'ardoise étaient autant d'îlots dans un océan de vignes d'un vert parfaitement lisse. Un millier d'hectares d'une nature domptée. Existe-t-il un autre endroit au monde où la terre ait été si méticuleusement et si élégamment entretenue ?

Les chemins sablonneux coupant à travers les vignobles étaient envahis par un long cortège d'insectes de couleurs vives : le marathon s'étirait maintenant sur des kilomètres. De notre point de vue, c'était à peine s'ils semblaient bouger. On aurait dit des confettis répandus sur le paysage.

Après un dernier piqué au-dessus de la Gironde, l'hélicoptère nous déposa à l'arrivée de la course. Quatre heures s'étaient écoulées depuis le départ et un flot ininterrompu de concurrents s'écoulaient en sprintant, trottinant ou chancelant sur le tapis rouge. Au bout, la ligne d'arrivée, le nirvana des tables de massage et les hydrates de carbone reconstituants offerts par l'équipe des « Joyeux Tartineurs ».

Nous nous installâmes pour déjeuner, mais bien vite les distractions alentour prirent le pas sur la cuisine. Yasser Arafat arrivait hors d'haleine, suivi de près par un homme arborant de fausses fesses orange en forme de couvre-théière. Presque aussitôt surgit Cléopâtre, sa perruque de guingois, puis un homme qui par miracle avait encore assez de souffle pour discuter au téléphone.

Plus de quatre heures et demie s'étaient écoulées depuis le départ et il en arrivait encore : Mickey, quelques diables alanguis en cape noire et cornes rouges, cinq vigoureux bébés courant main dans la main, un trio d'Écossais en béret au kilt résiduel, un gendarme attaché par des menottes à son prisonnier, des médecins trimbalant une civière où un patient plein de vie saluait la foule et, au milieu d'un déferlement d'acclamations, une bouteille de vin géante montée sur pieds. Vive le Médoc !

Derrière la ligne d'arrivée, nous nous frayâmes un chemin au milieu d'un entassement de corps à

divers stades de décomposition. Étalés sur l'herbe,
affalés sur les pavés ou vautrés sur les tables à tréteaux, les plus heureux atteignaient la béatitude en
sentant leurs crampes fondre sous les effets du massage. Un peu plus bas, les cafés étaient envahis de
religieuses, d'hommes des cavernes et de chérubins
hirsutes prêts à refaire le plein. Frites, bière,
baguettes, fromage, saucisson, tout ce qui était susceptible d'apaiser la famine de l'après-marathon
disparaissait aussitôt servi. Ce n'était là qu'un simple
casse-croûte ; un nouveau déferlement d'hydrates
de carbone serait servi au dîner.

Cinq heures depuis le départ et il en arrivait toujours : un chien plein d'entrain remorquant son
maître au bout d'une laisse, un policeman britannique, Bacchus, un garçon de café en haut-de-
forme, Adam et Ève. Le champion de France était
arrivé premier, en deux heures et vingt minutes,
mais il ne s'agissait manifestement pas d'une course
de vainqueur et perdants. C'était une fête.

Nous dînâmes ce soir-là avec deux des concurrents, Pierre et Gérard. L'un venait de Lyon, l'autre
de Washington. Ce n'était pas leur premier marathon, mais celui-là, ils en convinrent, était spécial à
bien des égards. L'organisation avait été sans failles,
du festin préliminaire au massage d'après-course.
La bonne humeur, le formidable sens de la camaraderie et de la bonhomie révélé dans l'épreuve, les
costumes, le temps, la beauté de la compétition —

tout s'était allié pour donner une journée rare et remarquable.

Gérard leva son verre de lynch-bages 1985 : « En plus, les rafraîchissements ont été choisis avec goût ! »

Envol de bouchons en Bourgogne

— Tu pourras boire tout ce que tu veux, dis-je à Sadler, mais n'oublie pas de recracher, sinon nous ne tiendrons jamais le week-end.

— Je t'observerai, dit-il. Nous recracherons ensemble, comme en natation synchronisée.

Nous étions à Beaune pour la plus grande vente aux enchères de vins du monde. Nos épouses étaient là elles aussi, pour nous surveiller.

J'étais déjà venu avec un autre ami, chevalier du taste-vin, et l'expérience m'avait enseigné l'ultime règle de survie : recracher. Pantalons éclaboussés et chaussures violacées sont un faible prix à payer quand il s'agit de conserver la bonne santé de vos organes, vos facultés d'adaptation et d'élocution, ainsi que votre réputation d'homme civilisé capable de tenir l'alcool.

— Recracher est un acte contraignant quand toutes les papilles gustatives du palais nous supplient d'avaler, expliquai-je à Sadler. À Beaune, trois jours par an, quelques-uns des meilleurs crus de France sont à vendre. Toutes ces appellations qui vous font baver d'envie, toutes ces bouteilles de divins bourgognes à trois cents dollars sont débouchées et partagées avec le généreux abandon ordinairement réservé à une distribution de citronnade par une journée étouffante. Et pourtant, il est absolument nécessaire de recracher. Il s'agit de tenir soixante-douze heures à ce régime : et jamais vous ne franchirez la ligne d'arrivée si vous avalez tout ce qui vous passe sous le nez.

Bizarrement, tout commença à l'hôpital. En 1443, Nicolas Rolin, chancelier de Philippe le Bon, duc de Bourgogne, fonda les hospices de Beaune et dota l'établissement de vignobles pour lui procurer quelques revenus. D'autres charitables Bourguignons suivirent son exemple et aujourd'hui, plus de cinq cents ans plus tard, les frais de l'hôpital sont toujours couverts par les recettes du vin. Chaque année, le troisième dimanche de novembre, le vin est vendu aux enchères. Traditionnellement, durant les quelques jours qui précèdent et suivent la vente, les producteurs locaux organisent des divertissements à la hauteur de l'événement.

Nous étions invités pour notre première soirée

bourguignonne à un dîner-dégustation chez René Jacqueson, un viticulteur de Gevrey-Chambertin. Une introduction en douceur nous attendait dans la cave personnelle de M. Jacqueson.

Nous descendîmes une volée de marches assez raides, en inhalant le bouquet souterrain, un merveilleux mélange de moût boisé, de vin, d'antiques toiles d'araignée et de pierre bien fraîche. La cave aux murs entartrés et noircis de moisissure n'était pas très grande — pour la Bourgogne — mais elle était superbement garnie de milliers de litres de gevrey-chambertin vieillissant dans des tonneaux de chêne. Des verres et une demi-douzaine de bouteilles — identifiables à un gribouillis tracé à la craie par le vigneron — nous attendaient sur le couvercle d'un tonneau installé au milieu de la salle. Un détail attira mon attention.

— Il n'y a pas de seau, murmurai-je à Sadler. Il serait grossier de recracher par terre. Nous allons devoir avaler.

— Ça ira pour cette fois, dit-il avec courage.

Jacqueson déboucha la première bouteille et fit passer en revue les millésimes. Presque toutes les dégustations auxquelles j'avais assisté avaient des airs de cérémonie religieuse. L'âge et le pedigree du cru sont annoncés dans le murmure de la bénédiction. La congrégation rassemblée renifle et se gargarise avec componction. Puis viennent les prières, les graves et sourds commentaires sur la qualité du vin.

« Exceptionnellement gouleyant... Un final merveilleux... D'une structure classique... Amen. »

Mais Jacqueson n'avait rien de ces viticulteurs révérencieux. Cet homme au regard pétillant, au grand sens de l'humour, aimait justement se moquer du langage ampoulé qui accompagne souvent de telles circonstances.

— Celui-ci, par exemple, dit-il en brandissant son verre vers la lumière, c'est ce que vous et moi pourrions appeler simplement « un jeune vin prometteur ».

Nous bûmes tous une gorgée en nous gargarisant. À ce stade prématuré de son évolution, le vin contenait assez de tanin pour vous recroqueviller le foie.

— Un expert, reprit Jacqueson, a dit de ce vin qu'il avait « l'impatience de la jeunesse ». Dieu sait ce que cela veut dire...

Ces mots nous évoquèrent un vieux classique : « Ce vin n'est-il pas un peu jeune pour veiller tard ? » Tout en goûtant les autres vins, nous fîmes le palmarès des formules de dégustation les plus insolites ou les plus grotesques. « Goût de planche » était un terme logique et exact : un vin nouveau, tout droit sorti d'un fût de chêne, a parfois un fort goût boisé. Mais les expressions étaient le plus souvent des métaphores peu ragoûtantes et tirées par les cheveux : « un vin qui fait la queue de paon » est censé déployer en bouche tout un éventail de saveurs, mais s'il a un goût de « queue de renard », il a l'amertume de la décomposition. Mon préféré dans le règne animal est le vin « de ventre de lièvre ». Personne à ma connaissance n'oserait goûter un ventre de lièvre — pas plus qu'une queue de paon ou de renard, d'ailleurs — et on peut se demander par quel mystère ces créatures se sont introduites dans le vocabulaire des goûteurs de vin. Sans doute ces expressions permettent-elles d'exprimer les goûts avec plus de finesse que les trop généraux « fruité », « puissant », « bien fait » ou « complexe ».

Voilà qui amena la conversation sur les critiques de vin professionnels, ces malheureux qui chaque jour épuisent leur imagination et leur syntaxe à décrire l'indicible. Le prix de l'image la plus saugrenue échut à cet échange que l'on dit authentique entre un critique et un viticulteur.

Le critique (après s'être rincé le palais, gargarisé et avoir recraché) : Hum... un net goût de tapis.

Le viticulteur (scandalisé) : Comment ça, un goût de tapis ? Comment osez-vous !

Le critique (mal à l'aise) : Je ne parle pas d'un tapis ordinaire, mon ami, mais d'un tapis... précieux, persan. Un tapis très distingué.

Notre hôte, trop discret pour dévoiler le nom du critique, se contenta de dire : « Nous préférerions qu'il aille boire dans le Bordelais. »

Sur ce, nous remontâmes pour dîner.

Ce fut un merveilleux repas-marathon de cinq plats, préparé par Mme Jacqueson, à la hauteur de la sélection de gevrey-chambertin préparée par son mari. En prime, entre le canard et le fromage, nous eûmes droit à une leçon de musique.

Il fallait absolument, nous annonça Jacqueson, que nous apprenions les gestes rituels et les paroles du *Ban de Bourgogne*. C'était le cri de guerre des Bourguignons, un chant accompagné d'applaudissements rythmés et de mystérieux signaux, une sorte de rock manuel du buveur. C'était, nous dit-on, un air que l'on entendrait de nombreuses fois au cours du week-end et, si nous voulions participer aux festivités, nous devions apprendre à le chanter en chœur.

Les paroles ne posaient pas de problème : elles se bornaient essentiellement à « la la la la » chantées ou criées au choix, du commencement jusqu'à la fin. Les mouvements de main étaient un peu plus compliqués. En position de départ, les bras étaient fléchis, les mains de part et d'autre de la tête et les doigts joints. Avec le premier refrain, les mains devaient pivoter d'un coup de poignet, comme pour faire tourner un objet circulaire, par exemple le cul d'une bouteille de vin. Pour le deuxième refrain, il fallait applaudir neuf fois puis reprendre la première position pour le troisième refrain. Le tout était répété une seconde fois, à toute vitesse. Enfin, les participants se remettaient de leurs efforts avec un verre de gevrey-chambertin.

Nous tentâmes l'expérience. Sadler se révéla très doué, son mouvement de poignet était d'une admirable fluidité et son braillement de basse superbe. Le reste d'entre nous fit de son mieux, mais le résultat égalait péniblement les cris d'une bande de supporters de football dûment imbibés. Toutefois, après quelques répétitions, nous parvînmes à vociférer et à tourner des poignets comme des Bourguignons de souche. Nous quittâmes la maison des Jacqueson vers une heure du matin, lorsqu'on nous estima capables de nous donner en spectacle.

Tout en rentrant par les rues étroites, force nous fut de convenir que la soirée, en terme de crachats, avait été un pitoyable échec. Nombre de vins dégustés : environ douze. Nombre de fois où le vin avait été rejeté : zéro.

— Demain il faudra faire mieux, déclarai-je, expectorer ou périr.

— Le problème, répliqua Sadler, c'est qu'il nous faut un réceptacle. Un crachoir. Nous devrions peut-être acheter un seau.

Le lendemain, nous arpentâmes les rues de Beaune à la recherche de crachoirs portables. Cette ville imposante et élégante a manifestement connu des siècles de prospérité. Les bâtiments sont en pierre, les murs épais, les toits pointus et souvent ornés de tuiles polychromes. Dans les cours et les rues pavées, le long des remparts et des vestiges gothiques, partout le regard est attiré par les signes de ce qui anime toute la ville : le vin. Des bouteilles, des tonneaux, des caves de dégustation, des thermomètres, des verres de toutes formes et de toutes tailles, des tire-bouchons classiques et extravagants, des taste-vin en argent, des porte-clés déguisés en grappe de raisin, des carafes, des pipettes et assez de littérature pour garnir une bibliothèque de poivrot. Il y a même des chances pour que les seuls mouchoirs en papier en vente dans la ville soient imprimés des tableaux de millésimes ou de cartes de vins. L'artisanat local est irréprochable, à une seule notable exception : il ne semble pas exister de crachoir bourguignon officiel. J'avais espéré m'équiper d'un instrument fonctionnel mais élégant, éventuellement gravé des armes de Beaune, d'une devise encourageante, voire de l'autographe du maire, mais tout ce que nous réussîmes à trouver tenait plus de l'incitation à avaler que de l'injonction à recracher. Je dois dire à son honneur que Sadler supporta courageusement cette déception.

Nous nous arrêtâmes à une pharmacie proche de la grand-place pour admirer d'un œil incrédule sa devanture. Les vitrines des pharmacies françaises regorgent généralement de torses en plastique tronqués arborant des bandages herniaires ou de photographies de jeunes femmes aux formes parfaites en lutte avec la cellulite. Ici, rien de tel.

Au centre de la vitrine trônait un squelette humain grandeur nature en carton. Un panneau posé auprès de la bouche grimaçante du crâne proclamait *avec modération,* mais (sans doute pour des raisons médicales) cette affirmation était en totale

contradiction avec le reste des produits exposés :
des bouteilles de vin affichant leurs stupéfiantes
vertus reconstituantes. À en croire le pharmacien
— un homme comme je les aime —, presque toutes
les affections ordinaires pouvaient être guéries par
le vin approprié.

Une crise d'arthrite ? Buvez du rosé. Des calculs
biliaires ? Faites-les disparaître avec une ou deux
bouteilles de sancerre. Un moulin-à-vent aura raison de votre bronchite, du champagne Krug écar-
tera la grippe et les tuberculeux découvriront les
étonnants bienfaits d'une bouteille de mercurey. Le
pouilly-fuissé vous débarrassera de votre hyperten-
sion et, pour ceux qui surveillent leur poids, des
doses quotidiennes de côte-de-beaune « auront un
effet amincissant garanti ». Tous les syndromes,
même les plus intimes, avaient un remède alcoolisé.
À une exception près : soit par négligence, soit par
tact, on ne mentionnait pas la cirrhose du foie.

Il nous restait juste assez de temps avant la première dégustation de la journée pour aller voir ce
qui se passait sur les stands et dans les bars de la
place Carnot. Il était à peine dix heures trente mais
des enthousiastes savouraient déjà une petite collation apéritive d'huîtres arrosées d'aligoté bien frais.
Des Japonais, qui de toute évidence ne sortaient
jamais sans leurs paires de baguettes, montraient
quelques difficultés à extraire les huîtres de leurs
coquilles, sous l'œil intéressé d'un jeune homme
portant un ballon attaché à la fermeture à glissière

de sa braguette. Là-dessus, dans le fracas des tambours et des sifflements, une procession de gens montés sur des échasses envahit la place. Mes tympans vibraient dangereusement ; je fus trop heureux de trouver refuge dans le calme et la paix d'une dégustation organisée dans les caves de Bouchard Aîné & Fils.

Les Bouchard produisent et vendent du vin depuis 1750. En visitant leurs caves, on ne peut s'empêcher de penser que ce pourrait être l'endroit idéal pour attendre la fin d'une guerre nucléaire ou d'une élection présidentielle. Un million de bouteilles entreposées dans des casiers et des avenues infinies de tonneaux s'alignaient dans la pénombre. Vignobles célèbres, grands crus, parfum du vin assoupi en attendant la maturité : sans un verre, la main semblait incomplète, pour ne pas dire nue.

Notre hôte nous prit en pitié et nous fit monter jusqu'à la salle de dégustation où verres et bouteilles étaient disposés à côté d'assiettes de gougères. Ces délicieux petits choux au fromage adoucissent et donc améliorent le goût du vin jeune dans la bouche. Les gougères sont également assez salées pour provoquer une soif salutaire. Mais nous étions là pour exercer nos talents de connaisseurs, non pour nous goberger sans vergogne. On nous montra les éviers de pierre installés contre le mur en nous rappelant qu'il était recommandé de cracher si l'on comptait assister à la vente aux enchères de l'après-midi.

Un menu détail vestimentaire distinguait de nous les connaisseurs. Les dégustateurs chevronnés portaient des nœuds papillons ou avaient enfoncé leurs cravates à l'intérieur de leurs chemises. La sagesse de cette précaution m'apparut clairement dès la première salve d'expectoration, lorsqu'un élégant monsieur qui crachait à côté de moi reçut de plein fouet une giclée de pinot noir.

« Des vins jeunes pour commencer, avait dit notre hôte. Le poisson avant le caviar. » Nous débutâmes par 1998 notre remontée dans le temps, encouragés par les gougères. Pas de problème pour recracher les vins jeunes. La véritable épreuve commença quand l'âge avait adouci les aspérités, le vin vous emplissait la bouche d'une aimable chaleur. D'autres peut-être purent sans une sensation de gâchis rejeter dans l'évier un fixin 1998, rond et magnifique ; pas moi. Pour me distraire, j'étudiai les techniques des dégustateurs : mes reniflements et mes rinçages de palais me laissèrent honteux.

Très différent de la démonstration informelle de la veille au soir, ce rituel sérieux était pratiqué avec la plus grande circonspection. D'abord, il fallait brandir le vin à la lumière — en l'occurrence une des bougies de la salle de dégustation — pour en évaluer la robe, puis le faire tournoyer dans le verre pour l'épanouir et en faire ressortir le bouquet. Alors le nez s'approchait du verre pendant quelques secondes d'extase et le front se plissait. La première gorgée, les yeux levés au ciel, inaugurait la phase sonore de la dégustation. On avalait ensuite un petit filet d'air comme un enfant aspire sa soupe. Puis une flexion des joues et quelques mouvements exagérés de mastication permettaient de répartir le vin dans la bouche. Enfin, après de discrets glouglous et une soigneuse investigation orale — les dents dûment rincées, le palais imprégné de sensations gustatives —, venait le moment de recracher la gorgée, d'éclabousser l'évier de pierre, vos chaussures et votre pantalon. Ce rite, répété vingt ou trente fois et accompagné de savants commentaires, peut aisément vous prendre toute une matinée.

En quittant la cave, nous évitâmes de justesse une seconde vague de marcheurs sur échasses qui dévalait la rue d'un pas chancelant. Certes, le centreville était interdit aux voitures pour le week-end mais le risque le plus probable était d'être renversé par des piétons. Nombre d'entre eux, taste-vin à la main, circulaient parmi la foule avec l'air préoccupé de gens bien décidés à ne pas manquer une seule dégustation. Une rude journée de travail en perspective.

Pendant le déjeuner, une jeune personne extraordinairement bien informée de l'office du Tourisme de Beaune nous gratifia d'un petit exposé. Cette vente aux enchères au bénéfice d'une œuvre charitable était la plus ancienne au monde. Nous fêtions aujourd'hui son cent quarantième anniversaire. Les prix des vins des hospices servaient de référence aux cotes des vins de Bourgogne. Leur progression était constante. En 1990, le prix moyen d'une pièce était de 350 000 francs. En 1999, il avait atteint 450 000 francs. Le total des ventes pour la même période était passé de 21 millions à 31 millions de francs. En ajoutant à cela les frais de garde, la mise en bouteilles, l'expédition et la plus-value, il est aisé de comprendre pourquoi ces crus s'accompagnent de prix à quatre chiffres, avec une régularité aussi horrifiante, sur les cartes des vins des restaurants.

Malgré tout, les acheteurs ne manquaient pas. La longue et solennelle salle des hospices était bondée de négociants professionnels venus du monde entier — États-Unis, Royaume-Uni, France, Allemagne, Hong-Kong, Japon et Suisse —, tous consciencieusement penchés sur leur catalogue. On pouvait également reconnaître une poignée de vedettes du showbiz vêtus de noir, une ou deux élégantes d'un certain âge — qui n'auraient nullement paru déplacées à un défilé de mode à les voir croiser les jambes ou ajuster leurs lunettes de soleil pour se protéger de leur gloire —, ainsi qu'un assortiment de gentlemen des médias festonnés d'appendices électroniques.

La vente commença juste après quatorze heures trente ; les rabatteurs, postés à divers endroits de la salle, recueillaient les enchères. Je cherchai en vain quelques gestes exubérants ou simplement manifestes des acheteurs — une main levée, un mouvement du catalogue, une toux récurrente. De toute évidence, un langage par signes extrêmement subtil était utilisé ici. Je suspectai alors un tapotement de crayon, voire un petit coup sur le nez. Certes, ce n'était pas le lieu pour se livrer à de grands gestes. Un petit mouvement inapproprié pouvait vous coûter cher. Même les Français — c'est dire... — gardaient leurs mains étonnamment immobiles en marmonnant entre eux.

Le sourire du commissaire-priseur s'accentuait à mesure des enchères. Une fois de plus, les prix montaient. 11 % de plus que l'an dernier : belle journée pour la charité, pour la Bourgogne et, bien sûr, pour Beaune. Lorsque, après la vente, nous repassâmes devant la pharmacie au squelette, le sourire grimaçant du crâne s'était épanoui : une nouvelle année record.

Mais la journée était loin d'être terminée. Le dîner de gala à l'Hôtel-Dieu était le grand événement du week-end. Tenue de soirée de rigueur. Il nous fut conseillé d'avaler une grande cuillerée d'huile d'olive pure pour préparer notre estomac à tout le vin qui allait s'y déverser. Pas question cette fois de recracher. Ce n'est que lorsqu'on nous recommanda de porter d'épaisses chaussettes pour se protéger du froid montant du sol dallé que nos épouses s'insurgèrent : des chaussettes avec une robe du soir, voilà qui ne correspondait pas exactement à l'idée qu'elles se faisaient de l'élégance.

À vingt et une heures, une double haie de serveurs en gilet blanc nous accueillit dans une superbe salle voûtée, tendue de tapisseries. La lumière des bougies se reflétait sur les bouteilles, les verres et l'argenterie des trente et une longues tables immaculées et étonnamment vides. Où étaient-ils tous ? Pas trace de nos trois cents citoyens fêtards. Je me souvins soudain que, en France, la ponctualité était une faute de goût. Mieux valait arriver en retard qu'attendre le gosier sec. Et nous étions là, entourés de bouteilles somptueuses mais intouchables.

« Du meursault, du meursault partout ! dit Sadler. Et pas une goutte à boire... »

En cherchant quelque réconfort dans la lecture du menu, Sadler poussa un long et vibrant soupir à la page des vins de la soirée : trente-huit au total, d'exceptionnels blancs et rouges de Bourgogne offerts par les viticulteurs, les négociants, les hospices de Beaune et le maire. Cette sélection unique au monde regorgeait de grands crus de chablis, puligny-montrachet, échezeaux, clos-vougeot — le genre de vin à boire à genoux la tête nue, selon Alexandre Dumas.

Ce ne fut qu'une demi-heure plus tard que les dernières places trouvèrent acquéreur et que s'emplirent les premiers verres. L'immense salle était l'image même de l'élégance : les dames parées de bijoux, en robes longues (les plus longues me firent soupçonner la dissimulation de grosses chaussettes), les messieurs en tenue de soirée, cheveux et moustaches pommadés avec soin, épingles à cravate et boutons de manchettes étincelants. Bref, un tableau d'un raffinement cérémonieux.

Cette glace mondaine se brisa vite avec l'irruption d'un groupe d'artistes, les « Joyeux Bourguignons ». Leurs longs tabliers et leurs cravates à pompons verts et rouges étaient du dernier chic. Les verres et les bouteilles qu'ils tenaient à la main faisaient office d'instruments de musique. Leur première chanson, *Boire un petit coup c'est agréable*, donna le ton à la soirée. Puis on ne put échapper au cri de guerre des supporters de la Bourgogne, premier d'une longue série. Les trois cents convives entonnèrent de vigoureux « la la la » en agitant les mains. La solennité de la soirée disparut pour ne jamais revenir.

Les plats se succédèrent, les bouchons sautèrent et les inhibitions avec. À une table voisine, un groupe se leva pour exécuter de la serviette une suite de saluts mexicains. L'un des hommes, apparemment décidé à faire un strip-tease, monta sur sa chaise, ôta sa veste, sa cravate... mais son ardeur fut vite calmée par une rasade d'aloxe-corton. Vint l'heure des toasts : à la plus grande gloire du raisin, au tunnel sous la Manche, à l'Entente cordiale, aux héros de la Marine suisse, à n'importe quelle autre bonne raison de remplir les verres. Les prétextes n'étaient d'ailleurs plus absolument nécessaires.

Nous avions souvent évoqué avec Sadler l'énorme fossé qui existait entre les Français tels que nous les côtoyions et leur peu flatteuse réputation. Où se cachaient donc ces prétendus Français typiques, leur réserve, leur manque d'humour, leur arrogance et leur exaspérant complexe de supériorité ? Certainement pas dans cette assemblée cordiale, amicale, détendue et, il faut bien le dire, de plus en plus éméchée. J'étais heureux de partager la table de tous ces gens merveilleux, occupés à boire un vin admirable, dans ce pays extraordinaire.

Braquant sur Sadler un œil humide et sentimental — et bien que celui-ci n'eût d'yeux que pour son échezeaux 1993 —, je m'apprêtais à porter un toast à cette si belle France. Avec mon français imbibé de vin, mon hommage aurait sans aucun doute été un désastre ridicule. Par chance, Sadler me devança.

Il leva son verre. J'attendais une citation gracieuse et appropriée de Molière, Voltaire ou Proust, énoncée dans un français parfait et sans accent, mais Sadler préféra aller à l'essentiel :

« À ceux qui recrachent, les pauvres bougres. »

Meilleur est le vin, meilleurs sont les lendemains matin, c'est bien connu et c'est tant mieux. Nos épreuves de samedi et dimanche — dégustations et dîners mémorables — n'étaient au fond que le prélude à l'apogée de notre aventure : la soixante-huitième Paulée de Meursault, le déjeuner des vignerons les plus distingués de la région. À ses débuts, cette petite fête locale en l'honneur des vendanges se tenait modestement dans la salle communale. Mais les Bourguignons étant des gens hospitaliers, la liste des invités doubla, doubla encore. Et les convives investirent le spacieux château Renaissance de Meursault. Détail d'importance : les invitations précisent « Selon la tradition, chacun apporte ses bouteilles ».

À l'entrée du château nous attendait la fine fleur de Beaune, les gendarmes locaux. L'un d'eux nous dit où garer la voiture.

— Tâchez de vous souvenir de votre emplacement, dit-il en regardant les bouteilles entassées à l'arrière.

— Nos épouses viendront nous chercher à la fin du déjeuner.

— Mais oui, bien sûr..., dit-il sans conviction.

Il nous salua et nous souhaita bon appétit.

Le domaine du château de Meursault s'étend sur plus de quarante-cinq hectares et produit sept grands crus. Ses caves contiennent 400 000 à 500 000 bouteilles ; aucun risque d'être en manque. Et pourtant, la plupart des six cents invités du jour — des viticulteurs à en juger par leur teint coloré par les intempéries et leurs mains musclées et tannées — arrivaient les bras chargés de caisses de bouteilles. Sadler et moi fûmes sincèrement impressionnés par la salle à manger, une gigantesque caverne bordée de tonneaux assez grands pour servir de piscine. De larges panneaux suspendus rendaient hommage, en une somptueuse

197

parade, aux vignobles de Meursault : les Perrières, les Charmes, la Pièce-sous-le-Bois, les Genevrières, la Goutte-d'Or.

Le niveau sonore était déjà bien haut. Ces hommes qui discutent d'ordinaire en plein air, à travers la largeur d'un champ, en dominant le vacarme d'un moteur de tracteur, oublient parfois d'ajuster le volume de leur voix quand ils se retrouvent à l'intérieur. Malgré tout, on pouvait distinguer derrière les voix la musique de fond favorite de la Bourgogne : le tintement régulier des verres qui trinquent et le crépitement irrégulier des bouchons extraits de leurs goulots.

À notre table, un viticulteur nous avertit que le repas serait léger, inspiré d'un casse-croûte dans les vignes. Jugez-en par vous-même : terrine de lotte en gelée de bouillabaisse, filets de sole frits aux beignets d'écrevisse, cuisses de canard sauvage braisées au vin blanc et chou farci, filets de venaison aux groseilles et aux coings, fromages, farandole de desserts. Et les vins.

Tout en me servant un verre, une douce voix murmura : « Bâtard-montrachet 1989. » Les viticulteurs circulaient entre les tables en prodiguant des rafraîchissements à quiconque était à portée de verre. Pour ne rien perdre de cette divine dégustation, je pris quelques notes. Le premier vin était superbe — fleuri, moelleux et sec — et je ne pus me résoudre à n'en avaler qu'une seule gorgée et à verser le reste dans un des seaux à glace prévus à cet effet. J'étais stupide, cela va sans dire, mais il était encore tôt.

Entre chaque plat, les interludes musicaux étaient assurés par nos vieux compagnons de bombance, les « Joyeux Bourguignons » ; le temps et la boisson ne semblaient avoir sur eux aucune emprise. Ces précieuses pauses permettaient aux viticulteurs de faire goûter leur vin. Si je peux avoir quelque foi en mes notes, nous dégustâmes une moyenne de huit à dix vins par plat. Ces délices coulaient dans une savoureuse lenteur : deux heures après le début du déjeuner, nous n'avions pas encore atteint la venaison. Mais du moins étions-nous parvenus au tournant crucial, celui où les blancs cèdent la place au rouge.

Un petit bilan de mi-parcours s'imposait. Mes bouts de papier maculés, couverts d'une écriture visiblement dégénérée — la franchise m'oblige à ne plus les appeler des notes —, énuméraient vingt-sept vins blancs. Certaines notations étaient soulignées, d'autres agrémentées de points d'exclamation ou d'astérisques, mais, je dois en convenir, c'était un désastre en termes de compte rendu détaillé et instructif. Je peux toutefois affirmer catégoriquement que Sadler et moi-même avons fini tous nos verres.

Je reconnais avoir un peu perdu le fil des rouges. En revanche, un chevalier voisin, faisant montre d'un professionnalisme surhumain, continuait vaillamment à prendre des notes... jusqu'au cinquante-neuvième cru. Au soixantième, il vacilla et commença à dessiner sur la nappe en riant de tout son cœur.

Le café fut servi à dix-huit heures trente. Les tables autour de nous n'étaient plus qu'amoncellement de verrerie. Jamais je ne vis autant de bouteilles ouvertes dans une seule pièce. Il y en avait des milliers. Beaucoup d'entre elles gisaient demi-pleines, des fortunes en fonds de bouteille. J'aurais voulu avoir un petit tonneau pour rapporter quelques restes à la maison. Un viticulteur passa encore une bouteille de son corton 1991, il nous invita à sa cave pour une dégustation ce soir-là. Et il ne plaisantait pas.

La suite ? J'avoue que ma mémoire connaît quelque défaillance. Je garde tout de même le vague souvenir d'avoir projeté d'aller à la pharmacie le lendemain matin pour acheter une bouteille d'un champagne qui, m'avait-on dit, faisait des miracles contre le mal de crâne. En regagnant le parking dans la nuit froide de novembre, nous assistâmes à un échange de vues entre un gendarme et un homme qui se plaignait d'avoir égaré sa voiture. Dans l'état dépassé du propriétaire du véhicule, j'aurais peut-être choisi une autre personne pour me plaindre. Mais la voix du gendarme ne laissa percer aucun soupçon de reproche.

— Oui, monsieur, dit-il avec toute la patience dont il était capable, votre Renault a disparu. Mais, comme vous pouvez le voir, il y a ici de nombreuses

Renault. Une indication m'aiderait. Avez-vous le moindre souvenir de sa couleur ?

Lorsque nos épouses vinrent nous chercher, nous n'avions pas fière allure. Sadler sortit brièvement de sa léthargie pour conclure : « Voilà une sacrée façon de passer son lundi. »

Rendez-vous
dans un champ boueux

J'ai une grande tendresse pour le boudin noir, la plus aristocratique des saucisses : il ne sort jamais sans son lit tiède de fines tranches de pommes. C'est un mets savoureux et onctueux à manger devant un bon feu quand le sol est gelé et qu'un vent glacé fait battre les volets. Le boudin noir vous réconforte.

C'était l'hiver et les amateurs de charcuterie accouraient des quatre coins de la France pour participer à la trente-huitième foire au boudin de Mortagne-au-Perche, non loin d'Alençon. Les trois jours de festivité comptaient un concours de beauté de charcuterie, une course de cochons, une soirée disco et diverses autres réjouissances. Les dates malheureusement se chevauchaient avec un festival du boudin plus modeste qui se tenait dans le village de Monthureux, au nord de Dijon. C'était à cette foire que j'estimais devoir aller, pour une raison bien précise.

La grande attraction, le clou de la fête était la participation du Grand Mangeur de Boudin — un boa constrictor humain, une équipe de démolition de charcuterie à lui tout seul — qui, prétendait-on, pouvait engloutir un mètre et demi de boudin en quinze minutes. Voilà qui valait le détour...

Quel était son secret ? Il mordait, mâchait et avalait ? Il aspirait le boudin centimètre par centimètre comme un spaghetti géant ? Quelle que fût sa technique, je ne voulais pour rien au monde manquer ce spectacle mémorable.

Le Grand Mangeur devait faire son entrée à onze heures trente dimanche matin et, pour être sûr de ne pas manquer la première bouchée, je décidai de partir pour Dijon la veille au soir.

À Dijon, le dimanche matin, il faisait un temps affreux : un ciel gris et des bourrasques de pluie mêlées de neige, personne dans les rues, très peu de voitures sur la route. La journée s'annonçait vraiment mal. Peu importe, me dis-je. C'était un temps idéal pour savourer un bon repas. À n'en pas douter, je retrouverais à Monthureux des âmes sœurs, avec un ou deux verres de vin et plus de boudin que la plupart des gens n'en voient en une vie tout entière. Sur la route, le ciel s'assombrit, les rafales se firent plus violentes, la campagne plus déserte.

Je m'arrêtai dans une petite bourgade pour prendre un café et lire le journal local. Curieusement, il n'était fait aucune mention du festival de Monthureux ou de quelque événement historique dans le monde du boudin. Je regagnai la voiture, réglai les essuie-glaces sur la vitesse maximale et repartis dans les rafales de neige.

Il était près de onze heures lorsque j'arrivai à Monthureux. J'avais prévu de passer une demi-heure à flâner un peu en discutant avec d'autres amateurs de boudin. Mais les rues étaient étrangement calmes pour un village en fête. À vrai dire, plus calmes que calmes : elles étaient absolument désertes. Dépassé sans doute par l'immensité de la foule, le maire avait dû déplacer les festivités sous un vaste chapiteau en dehors du village. Je continuai mon chemin.

Personne. Rien. Pas de banderoles, pas de porcs souriants à l'affiche, pas le moindre signe de joyeuses célébrations. Rien que des champs déserts et ruisselants. Je retraversais une nouvelle fois le village quand j'aperçus au loin un signe de vie, une petite bosse qui se déplaçait sur l'horizon détrempé.

C'était un homme sur son tracteur. Il montait et descendait un champ. Je me postai au bord d'une mer de boue fraîchement labourée et fis de grands signes sous mon parapluie. Il arrêta son tracteur à cinquante mètres de là et resta assis à l'abri de sa cabine pour me dévisager. Manifestement, il n'avait pas l'intention de descendre. J'avançai dans la boue sur la pointe des pieds jusqu'au moment où je me trouvai assez près pour lui adresser la parole.

— Je me demande si vous pourriez m'aider. Je cherche la foire au Boudin.

Il se pencha sur son siège pour examiner l'apparition dégoulinante qui le regardait.

— Comment ?

— Vous savez, la foire au Boudin. Avec le Grand Mangeur.

Il repoussa sa casquette en arrière, laissant sur son front une trace de boue. Les coins de sa bouche esquissèrent une moue désabusée ; il haussa les épaules : c'est la façon qu'ont les Français de vous dire qu'ils ne savent pas et que d'ailleurs ils s'en moquent.

Je sentis naître en moi un début d'affolement.

— C'est bien Monthureux, ici, n'est-ce pas ?

— C'en est un, fit-il en hochant la tête.

— Il y en a d'autres ?

— Il y a Monthureux-sur-Saône. Il y a aussi Monthureux-le-Sec. (Il brandit un pouce par-dessus son épaule.) C'est loin, du côté de Vittel. Je ne sais pas, il y en a peut-être d'autres...

Il hocha de nouveau la tête, rajusta sa casquette, remit le tracteur en marche et repartit à petite allure pour se fondre à l'horizon.

Où qu'il pût être, le Grand Mangeur devait déjà être en train de s'échauffer avec quelques chipolatas, avant d'affronter le grand défi. Je restai là, trempé et crotté de boue, à regarder le tracteur disparaître dans la grisaille. Loupé. L'expédition s'était soldée par un désastre, mais j'étais trop trempé pour m'en soucier. À ce qu'on dit, les plaisirs manqués ne font que rehausser l'impatience des plaisirs à venir. Et mon unique désir, c'était de regagner Dijon et d'enfiler une paire de chaussettes sèches.

Une purge civilisée

Il est stupéfiant de voir combien il existe aujour-d'hui d'experts ayant pour mission dans la vie de nous faire la morale sur les dangers du plaisir. C'est à peine s'il s'écoule une semaine sans quelque déclaration menaçante sur le prix à payer pour nos brefs moments d'excès. Même la modération est devenue suspecte. D'après les assertions des disciples les plus exécrables de la vie saine, le refus est l'unique voie de salut du corps humain : dire non à la viande rouge, au fromage, au beurre, aux graisses, à l'alcool, au sucre, au tabac, et même au soleil.

Je suis une cible tout indiquée pour les miliciens de la santé : trois de mes péchés favoris sont le vin, le bon gros gras et le bain de soleil. Il ne me reste que quelques jours à vivre. C'est Odile qui me l'a dit. Chose curieuse, j'aime bien Odile. Cette jolie

Cassandre, pleine de charme, magnifique à tous égards, a décidé de me remettre sur le droit chemin. Elle s'est autoproclamée voilà quelques années ange gardien gastronomique. Je dois admettre qu'elle met en pratique ses prêches. Elle mène une existence d'insigne vertu intestinale : eau à pleins seaux, infusions, yaourts biologiques, riz brun, lait de soja, verdure, un verre de méchant vin rouge par semaine, des jeûnes fréquents. Ce régime lui convient. Pour je ne sais quelle raison extraordinaire, elle est persuadée qu'il m'agréerait aussi.

Quand je lui annonçai mon nouveau projet de livre, ses reproches feutrés se muèrent en cris d'alarme. Sillonner la France guidé par mon seul estomac ! De la folie ! C'était se suicider avec un couteau et une fourchette ! Je tentai de me disculper en évoquant un nécessaire travail de documentation, une obligation professionnelle. Mais elle ne voyait qu'un prétexte à de coupables excès. La surabondance de nourriture et les torrents d'alcool allaient bientôt sonner le glas pour mon foie. Mon seul espoir de rémission, affirmait-elle, consistait — si jamais je survivais — à conclure mes recherches par un exil dans une station thermale où, dans des conditions sérieuses et sous contrôle médical, je pourrais purifier mes organes surmenés. Je m'alimenterais avec modération, je renoncerais au vin. Je serais sauvé.

L'idée n'avait rien pour me plaire. Pourquoi troquer des joies simples contre des souffrances dispendieuses ? Racines, baies, lait caillé, étranges breuvages, lavements répétés, exercices acharnés sous la surveillance de machines humaines infatigables et sans pitié : ce camp d'entraînement pour jeunes recrues, fondé sur les principes d'effort et d'humiliation, n'était pas tout à fait à mon goût. Un cocktail de famine, de sueur, de remords et d'inconfort en doses égales accompagné, pour couronner le tout, d'une facture à glacer votre sang récemment purifié. Non merci.

Mais c'était compter sans ma femme. Son ouverture d'esprit en matière d'hygiène et de nutrition me fait parfois frémir ; elle adore se livrer à toutes sortes d'expériences, de la racine de ginseng à la gelée royale en passant par les pousses de soja. L'idée de passer quelques jours dans une station thermale lui plut. Elle avança pour me convaincre de sournois arguments : « N'oublie pas, ce sera une station française. Et tu sais comment sont les Français... »

Certes : ils n'ont guère tendance à se retenir quand il s'agit de bonne chère, ils ont un goût profond pour « le luxe et la volupté », ils trouvent toujours le moyen de se faire du bien. Les notions anglo-saxonnes d'effort et de récompense leur sont totalement étrangères. Pour avoir du succès, les stations thermales françaises devaient sans doute être au diapason. L'argument était de taille, je finis pas me laisser convaincre. Il ne me restait plus qu'à trouver la station thermale avec le meilleur chef.

Dans cette spécialité de cuisine légère et néan-moins savoureuse, le parrain de tous les chefs est Michel Guérard, un des premiers cuisiniers célèbres de notre époque. Il s'est fait un nom en France voilà plus de vingt ans en inventant la « cuisine minceur ». Le concept se fondait sur l'idée — alors révolutionnaire et encore novatrice aujourd'hui — qu'un régime pouvait fort bien être agréable. Il devait être possible de requinquer son organisme sans sombrer dans l'ascétisme et la dépression.

Comment fonctionnait donc ce régime magique ? La cuisine minceur était-elle vraiment succulente ? Les plats étaient-ils nourrissants ou bien sortait-on de table en tétant sa serviette, et en essayant de faire taire son estomac qui réclamait à grands cris un steak frites ? Étant donné le succès de Guérard et de sa cuisine, je devais cesser de m'inquiéter. Son établissement d'Eugénie-les-Bains, à environ deux heures de voiture au sud de Bordeaux, est un des établissements thermaux les plus célèbres d'Europe et son restaurant est l'un des vingt-deux à s'être vu décerner trois étoiles dans le Michelin.

Après une année épuisante passée à manier le couteau, la fourchette et le tire-bouchon, être mis au régime par un chef à trois étoiles me semblait une conclusion appropriée. Sur la route ensoleillée l'impatience m'aiguisait l'appétit. Ça commençait mal...

Nous arrivâmes bien après l'heure du déjeuner,

mais je restais optimiste, car je savais qu'en France l'on professait une compassion instinctive à l'égard du ventre vide. À peine passés à la réception, nous nous retrouvâmes à la terrasse de notre chambre, assis à une table décorée de fleurs fraîchement coupées et munie de tout le nécessaire indispensable à un après-midi confortable : une bouteille d'un bordeaux blanc dans un seau à glace, une généreuse portion de foie gras, un assortiment de fromages du pays, une salade et une grande coupe de framboises sur un lit de fraises. Mes appréhensions se dissipèrent aussi sec. Mon jugement sur les stations thermales avait peut-être été un peu précipité. Je sentais que j'allais pouvoir supporter l'épreuve.

Après avoir fait un sort au foie gras et autres gâteries, nous prîmes le temps de faire le tour des lieux. L'hôtel était un ancien couvent du XVIIIe siècle construit autour d'un charmant jardin avec une petite fontaine. Notre chambre était délicieuse : poutres apparentes, dalles soigneusement astiquées, tapis d'Orient, grand lit à baldaquin et — fait fort inhabituel en France — vaste salle de bains avec une baignoire assez spacieuse pour deux. Partout des tulipes et des roses. Et, à deux pas de là, trônaient les cuisines d'un des plus éminents chefs du monde. J'eus quelque mal à persuader ma femme de quitter cette chambre somptueuse pour jeter un coup d'œil au reste de l'établissement.

Rien ne laisse deviner que vous êtes dans une sta-

tion thermale : pas d'instructeurs à la bonne
humeur insupportable, avec bloc-notes, chrono-
mètre et uniformes paramédicaux, pas de clients
hors d'haleine en survêtement, pas de relents
d'une vertueuse asepsie.

Ce ne fut qu'à la ferme thermale que nous vîmes
quelques signes révélateurs. De l'extérieur, le bâtiment avait l'air d'une classique ferme du XVIIIe siècle ;
à l'intérieur, les poutres et le crépi cédaient la place
au marbre, au carrelage et à plus de trois cents
mètres carrés de divers équipements destinés à vous
rendre immortel — ou du moins à vous sentir un
peu plus mince, plus pur et plus détendu.

De jeunes personnes vêtues de blanc entraient et
sortaient d'un pas glissant des diverses salles de traitement. Elles escortaient leurs patients qui, un peu
craintifs dans leur peignoir, semblaient redouter de
se retrouver bientôt tout nus. D'autres reprenaient
des forces entre deux traitements, ils buvaient de la
tisane devant l'énorme cheminée du grand salon.
Les bûches craquaient discrètement dans l'âtre.
L'atmosphère était sereine, aucun gargouillement
assourdi d'un estomac rompu à la cuisine minceur
n'en troublait le calme. Jacuzzi aromatisé, hammam, bain de boue, massage aux jets d'eau fins
comme des aiguilles : demain viendrait notre tour.
En attendant, nous avions le reste de l'après-midi
pour explorer le village.

La plupart des 507 habitants d'Eugénie-les-Bains
se consacrent, d'une façon ou d'une autre, au bien-

être de visiteurs soucieux d'améliorer leur condition physique. L'endroit est officiellement un lieu de cure depuis 1843, lorsque fut délivré un permis d'exploitation des eaux. Mais le village aurait pu rester anonyme s'il ne s'était produit deux événements décisifs.

En 1861, les notables de la commune pensèrent qu'un peu de sang royal ferait des merveilles pour la réputation des eaux du pays. L'histoire ne précise pas comment le maire s'y prit, mais il parvint à persuader l'impératrice Eugénie, épouse de Napoléon III, d'accorder au village non seulement son parrainage mais aussi son nom. Du jour au lendemain, le vulgaire liquide fut promu au rang de noble élixir, digne des plus aristocratiques systèmes digestifs.

Puis, en 1975, Michel Guérard parut. Il avait épousé une jeune femme du pays, Christine Barthélemy, fille du propriétaire des thermes. L'occasion se présenta de créer une nourriture adaptée à la cure d'eau, quelque chose de léger, de sain : la cuisine minceur.

Eugénie, aujourd'hui premier village minceur de France, est aussi connu sous le nom de « Guérardville ». Deux hôtels, une ferme thermale, deux restaurants et un vignoble, la petite industrie de Michel Guérard est bâtie sur un paradoxe : manger, boire, pour perdre du poids.

La lumière déclinait quand nous nous assîmes à la terrasse du café de la grand-rue d'Eugénie. Ce

petit établissement accueillant est le lieu d'escapade idéal pour les curistes en mal de péchés. Trois
d'entre eux étaient d'ailleurs assis là. Ils serraient
contre leur cœur de petits sacs en papier. Après
avoir jeté alentour quelques coups d'œil furtifs
— comble de la culpabilité — ils commandèrent
trois grands chocolats chauds. Ils s'assurèrent une
dernière fois de l'absence de tout « vigile minceur »
avant de déballer des tartes, biscuits aux amandes
et autres pâtisseries. À leur première bouchée,
somptueuse et fondante, ils levèrent vers le ciel des
yeux brillants d'extase et poussèrent un grand soupir. Ils semblaient avoir beaucoup souffert ces derniers jours... Quel sort allait-on nous réserver ?

Soudain affamés, nous discutâmes des options
qui s'offraient à nous pour le dîner. À l'hôtel, nous
avions le choix entre la cuisine minceur (pour les
plus consciencieux) et le menu gourmand plus
étoffé et plus robuste (qui convenait mieux à mon
travail de documentation). Mais notre choix se
porta sur le second restaurant de Guérard, *La Ferme
aux grives,* dont le menu affiché à l'extérieur n'était
qu'une succession de délices. Nous nous en repen-
tirions, c'est sûr, dès le lendemain. Mais demain est
un autre jour.

Le restaurant, installé dans une ancienne ferme,
donnait l'impression d'une énorme cuisine. À une
extrémité de la salle, un paysage de légumes frais
— poivrons, poireaux, tomates, concombres et
choux verts chiffonnés — s'entassait sur une longue

table de boucher. En arrière-plan, des gigots tournaient lentement sur leur broche dans une cheminée large de trois mètres. Les gouttes de jus qui crépitaient sur les braises faisaient renaître les parfums nostalgiques de la viande grillée au feu de bois. Sur le murmure des conversations se détachaient le doux crissement et le bruit étouffé de délicats débouchonnages.

Décor idéal pour un dernier repas... La cuisine se montra à la hauteur de l'environnement. Nous dégustâmes des poireaux au gratin dans une papillote de jambon de Bayonne bien rose, un poulet grillé à la perfection, dont la peau croustillante avait la couleur du vieil or et — ultime gâterie avant les jours maigres — le plateau de fromages. Qu'importaient les souffrances à venir ? Nos estomacs rassasiés étaient prêts à tenir un siège.

Avant de me rendre le lendemain matin à la ferme thermale, je lus attentivement un tout autre genre de menu, celui des activités de la cure, des bains régénérants aux assortiments de massages. Les instructions, pour tirer le maximum de bienfaits de la cure, recommandaient la tenue d'Adam comme on dit. Ce conseil que j'avais omis me revint en mémoire un peu plus tard quand, regardant autour de moi, je fus frappé d'un déséquilibre marqué dans la répartition des sexes : le personnel de l'établissement thermal ne comptait pas un seul homme. Rien que des jeunes femmes — séduisantes, sveltes et aimables — à qui confier mon corps. D'instinct, je me redressai et gonflai mes poumons, dans l'espoir de masquer les effets du dîner de la veille.

Il n'y avait aucun recours : j'allais devoir m'abandonner à ces jeunes femmes. Cela dit, les premiers soins se déroulèrent dans la plus grande pudeur ; la reine Victoria aurait été fière de son sujet. Après une brève description des festivités à venir, on me mena dans une salle où je restai seul avec ma nudité. Le programme était si bien organisé que j'aurais pu me croire l'unique client des thermes.

Je transpirai en solitaire, enveloppé des nuages de vapeur du hammam. Je m'allongeai sur une dalle de marbre chauffée pour un rinçage aux herbes — excellent pour la cellulite, me fut-il précisé — avant de pénétrer dans une piscine miniature où, du cou jusqu'aux chevilles, je fus soumis à de vifs jets d'eau thermale. Mes crampes disparurent, mes articulations retrouvèrent leur souplesse, mes muscles leur élasticité. Lorsque, au milieu de la matinée, je retrouvai ma femme dans le grand salon, j'étais si détendu que je faillis m'assoupir, le nez dans ma tisane.

Cette agréable mixture, au goût de citron, d'apparence inoffensive, faisait partie du processus de purgation interne. « Buvez et éliminez » était la devise de l'établissement et on ne plaisantait pas avec ces commandements. Dans mon cas, ce breuvage eut un effet presque immédiat sur ma vessie.

J'appris au cours des jours suivants à anticiper : jamais je ne bus une de ces tisanes dans un rayon de moins de cinquante mètres des toilettes. Je me surpris même à repérer le meilleur itinéraire de dégagement entre notre chambre et un buisson d'arbustes stratégique disposé au cas où le Grand Éliminateur frapperait sournoisement.

Puis le moment vint pour ma femme et moi de suivre en commun un nouveau traitement : le bain de boue. C'était de la boue thermale, extrêmement raffinée, de la boue de luxe, d'une couleur hésitant entre le blanc cassé et le vert le plus pâle. J'avais toujours imaginé que les bains de boue n'avaient rien à envier au marécage : immondes, fétides et bouillants de relents de pourriture. Mais la boue de cette grande piscine était lisse comme de l'huile et d'une odeur presque agréable. Au bout de quelques minutes de barbotage expérimental, nous nous laissâmes porter par elle, les genoux relevés, les bras détendus pour assurer notre équilibre. À en croire la jeune personne qui s'occupait de nous, les effets thérapeutiques de la boue étaient merveilleux pour les rhumatismes, excellents contre la tension et, don du ciel, péremptoire pour qui souffrait de cette affection populaire que les Français nommaient avec tact « problèmes de transit intestinal ». Par-dessus le marché, elle offrait cette sensation extraordinairement agréable d'être immergé dans de la crème tiède. Nous aurions volontiers passé là le reste de la matinée à patauger, moitié debout, moitié flottant, dans cette apesanteur glissante.

Après une douche, nos chemins se séparèrent : ma femme alla s'allonger sur la dalle de marbre chaude tandis que l'on me conduisit jusqu'à une grande cabine vitrée. Planté là, tout nu, je suivis les instructions de mon guide, écartai bras et jambes contre la paroi de verre et lui tournai le dos. Je jetai par-dessus mon épaule un coup d'œil nonchalant — du moins je l'espérais — et demandai à la jeune femme le détail des événements à venir. Elle eut un charmant sourire, régla la buse d'un tuyau avant de le braquer sur moi par un orifice de la paroi vitrée.

— C'est très bon pour tonifier le corps, et cela améliore votre drainage, dit-elle. Je vais commencer par le dos. Quand je taperai sur la paroi, vous vous retournerez et je vous ferai le côté.

J'allais lui demander ce qu'elle entendait par « drainage » et si le mien était vraiment calamiteux quand elle lâcha le jet. Pour ceux d'entre vous qui n'ont jamais subi de massage concentré à haute pression, je peux vous dire que c'est au bord de la douleur : un million d'aiguilles liquides vous parcourent le corps des mollets à la base du crâne. En toute franchise, c'était formidable, mais je me félicitais de tourner le dos à ma geôlière.

Après quelques minutes vivifiantes, elle frappa sur la paroi vitrée. Je pivotai pour présenter une hanche, une moitié de côtes et une épaule aux picotements. Un nouveau coup sur la vitre et elle s'occupa de l'autre côté. Je me sentais rose comme un jambon fraîchement cuit.

Le jet s'arrêta. Je m'apprêtais à remercier la jeune personne pour cette expérience étonnamment stimulante lorsqu'elle frappa de nouveau le verre de la cloison.

— Maintenant, de face, annonça-t-elle.

Le grand jeu.

C'est une situation extrêmement curieuse que de se trouver nu et impassible face à une jeune femme dont vous venez tout juste de faire la connaissance, mais qui déjà vous menace de jets d'eau d'une force meurtrière. Cette sensation, pas déplaisante mais étrange, pose un ou deux problèmes d'ordre mondain. Doit-on tenter de faire poliment la conversation, ou bien cela risquerait-il de la distraire de sa cible avec peut-être de redoutables conséquences ? Et que faire de ses mains ? Faut-il les croiser derrière le dos ? Prendre une pose nonchalante et assumer sa totale nudité les mains sur les hanches ? Ou bien accepter la reddition sans condition, mains sur la tête ? Ou encore résister et envoyer ses mains monter la garde un peu plus bas ? Je vivais un de ces moments où toute tentative de maintien sophistiqué est vouée à l'échec. Qu'aurait fait Cary Grant, le roi de l'élégance, dans de telles circonstances ?

Pour me consoler, je pensai que la jeune femme devait elle aussi vivre des situations embarrassantes :

— Dites-moi, que faites-vous dans la vie ?

— Oh, j'enferme des hommes et des femmes nus dans une cage en verre et je leur en fais baver avec une lance à haute pression.

J'avais maintenant le corps tout rouge. À n'en pas douter, ce qui me restait de « drainage » avait dû être décapé avec ma cellulite, mon système pileux et ma première couche d'épiderme. La sensation de bien-être était merveilleuse. J'avais l'impression d'avoir été aspergé de champagne.

Ainsi s'acheva la première matinée. Il était étonnant de constater à quel point deux heures et demie de traitements — sans autre exercice physique que le déshabillage et le rhabillage — pouvaient éveiller un aussi féroce appétit. En nous dirigeant vers le restaurant de l'hôtel, nous tentions de refouler les plaisants souvenirs du dîner de la veille. L'heure du régime minceur avait sonné. Le lyrique Guérard qui évoquait « une cuisine gaie, harmonieuse et savoureuse » allait-il tenir ses promesses ?

En traversant le hall, je compris ce qui faisait d'un hôtel un hôtel de première classe. La vie s'y déroulait sans heurts. Nous étions entourés de gens dont le métier était de faire plaisir et, Dieu les bénisse, qui paraissaient aimer cela. On nous souriait, on s'enquérait de notre santé sous une salve continuelle de « bon appétit ». Nous étions bienvenus. Nous étions aimés. Mais nous étions affamés.

Notre fidélité à nos nobles intentions, notre choix du menu minceur, notre mépris de la spécialité du gourmet, se sont faits, je l'avoue, sous l'impulsion de ma femme. Ma volonté s'affaiblit immanquablement en présence d'un homard ou de friandises truffées. Elle est d'une autre trempe. De plus, étant elle-même une cuisinière accomplie, elle était très curieuse de savoir comment Guérard allait me rassasier avec moins de calories qu'un hamburger et des frites.

La cuisine minceur, si d'aventure vous vouliez tenter l'expérience, est fondée sur quelques principes simples : utilisez en abondance les fruits et les légumes ; substituez l'huile d'olive ou de colza au beurre et à la crème ; remplacez les sucres synthétiques par de la fructose naturelle ; le soir, préparez un dîner maigre — en général du poisson — et buvez du vin chaque jour. Malheureusement, il ne suffit pas de respecter ces quelques règles pour seulement approcher la cuisine de Guérard. Voilà le drame : il faut avoir énormément de temps et de talent.

Peu inspiré par l'exemple du couple assis à la table voisine, qui commanda deux sortes d'eau minérale, je demandai le verre de vin rouge autorisé. Les trois plats de notre premier déjeuner méritent une description quelque peu détaillée.

Nous commençâmes par un potage aux moules, agrémenté de carottes, ail, champignons, huile d'olive et vin blanc. La saveur était intense et riche, j'aurais juré qu'une bonne âme avait ajouté une grosse cuillerée de crème en profitant d'un moment d'inattention du chef. Mais le bilan calorique annonçait 165 : cette soupe équivalait sur un plan nutritionnel seulement à un petit pot de yoghourt écrémé. Puis vint le risotto de légumes — riz de Camargue cuit au bouillon de poulet avec parmesan, pois, échalotes, oignons nouveaux, haricots blancs et verts —, un somptueux mélange qui fondait dans la bouche. Calories : 240, un peu moins qu'une barre de chocolat. Pour finir, le plus subtil mélange de goûts : framboises, fraises et cassis au sirop de fructose et glace au yaourt. Calories : 95.

Avec le verre de vin rouge, ce délicieux déjeuner, magnifiquement présenté et servi, apportait moins de 600 calories. Mais le plus impressionnant était de constater que ce déjeuner avait rempli sa mission : nous n'avions plus faim.

— Je suivrais volontiers longtemps un tel régime, me confia ma femme.

Nous nous attardâmes devant nos tasses de café tout en examinant nos compagnons de régime. Beaucoup de Français et une poignée d'Américains. La distinction était simple à faire : les Américains consultaient des cartes, des guides, prenaient des notes ; les Français étudiaient les menus du dîner (potage, poisson et sorbet, un total de 480 calories pour le repas minceur ; avec tact, le total calorique des cinq plats du menu gourmet n'était pas précisé).

Au cours des trois jours suivants — trois jours de traitements divins et d'alimentation superbe — cette nouvelle vie influa sur l'évolution de mon caractère. En général, en vacances, je suis épouvantable. À court de livres, l'ennui s'installe et ma conscience anglo-saxonne me souffle de faire quelque chose d'utile, ou du moins d'actif. Mais ici, je n'avais pour toute responsabilité qu'à me présenter à l'heure à la ferme thermale et à manier deux fois par jour un couteau et une fourchette. Pour la première fois de ma vie, je ne faisais absolument rien et cela me comblait d'aise. À qui devais-je un tel revirement ? Aux bains de boue et aux jeunes femmes de blanc vêtues ? À l'absence de tout effort conventionnel ? De nombreuses activités étaient à notre disposition — tennis, natation, bicyclette, randonnée —, mais je mettais un point d'honneur à les ignorer, trop heureux de mon oisiveté. Voilà sans doute le plus grand bienfait que procure une station thermale civilisée.

Comme si les rigueurs de la vie quotidienne à Eugénie imposaient des périodes de convalescence, les Guérard ont récemment ouvert un centre de repos au bord de la mer. Leur nouveau bastion, le *Domaine de Huchet,* est situé sur la côte atlantique à environ une heure et demie de l'établissement thermal. Il domine la plus longue plage d'Europe — un large ruban ininterrompu de sable pur et lisse qui s'étend d'Arcachon à Biarritz. Là, à Huchet, pour nous remettre de nos bains de boue et de notre oisiveté, trois jours d'air marin et de farniente nous étaient promis.

Malgré la carte et les instructions détaillées qu'on

nous avait remises, nous nous égarâmes sur un chemin de terre sillonné d'ornières, au cœur d'une épaisse forêt de pins. Les ornières se firent plus profondes, les arbres se refermèrent sur nous en un tunnel et, si le sentier avait été assez large, nous aurions fait demi-tour. Nous avions quitté le milieu de nulle part pour le bout de nulle part. Nous poursuivîmes cependant et, au bout d'un kilomètre ou deux, les arbres se firent plus clairsemés, le ciel réapparut. Puis nous vîmes, juchée sur une dune, une vaste construction de bois cerusé, ocre et rouge fané, un modèle d'architecture coloniale. Sur le terre-plein devant la maison basse et carrée se dressaient deux autres bâtisses de bois noir, et deux petits jardins clôturés. Un chemin de caillebotis menait à l'océan à travers les dunes. En descendant de voiture, nous entendîmes le bruit sourd du ressac.

Le comité d'accueil ne comptait que deux membres : Martine et Max, les gérants de Huchet qui nous firent visiter les lieux tout en nous expliquant comment optimiser le confort de l'âme et du corps. Tous les matins, un petit déjeuner copieux serait servi dans la salle à manger jusqu'à onze heures. Martine nous assura que cela serait plus que suffisant pour nous permettre de tenir jusqu'au thé de dix-sept heures. Dîner à dix-neuf heures trente, préparé par Max. « Ce n'est pas "minceur", dit-il, mais c'est sain. Beaucoup de grillades. » Il désigna son barbecue installé devant la porte de la cuisine, un engin mécanique qui ressemblait aux brouettes utilisées dans les vignobles de Provence pour brûler les ceps. Nous avions ce soir-là le choix entre du bar ou du magret de canard, avec crème de poireaux aux pommes de terre ou foie gras pour commencer et deux desserts pour finir. Nous pouvions pardonner à Max de ne pas être un cuisinier « minceur ».

Nous passâmes l'après-midi en promenade. Le bâtiment principal, élégant pavillon de chasse construit en 1859 par un baron bordelais, était digne des plus exigeants magazines de décoration. Il abritait une jolie succession de chambres avec lits à colonnes, meubles anciens de bon goût, cheminées, poêles à bois et planchers couleur miel. Ce décor, beau sans être précieux, devait être fort agréable à vivre, ce qui n'est pas toujours le cas des demeures photogéniques.

Sur la plage, à l'exception d'un pêcheur solitaire, planté jusqu'aux cuisses dans l'écume, nous avions les mouettes pour seule compagnie. Nous aurions pu marcher encore cent kilomètres dans le sable, au nord comme au sud. Nous aurions pu aussi nager à l'ouest vers l'Amérique. Mais, après une promenade d'une demi-heure, nous prîmes l'avantageuse décision de retourner prendre le thé sous la véranda en regardant le soleil doucement disparaître à l'horizon.

Ce ne fut que le soir, en entrant dans la salle à manger, que nous découvrîmes le seul autre couple

de pensionnaires. Nous nous félicitâmes mutuelle-
ment de la bonne étoile qui nous avait menés à
découvrir ce qu'ils appelaient « le paradis sur
mer », puis nous gagnâmes notre table au coin du
feu. Comme le reste de la maison, la salle à manger
était un modèle de confortable élégance : le sol de
dalles grises, les poutres passées à la chaux, la
flamme des bougies reflétée par les verres de cristal, les nappes et serviettes de lin, le service en porcelaine. Un souci du détail dont certains restaurants feraient bien de s'inspirer.

Sur la terrasse, Max, penché sur son barbecue
et armé de deux fourchettes à long manche, ressemblait à un xylophoniste coiffé d'une toque de
chef. Martine remit une bûche dans le feu et
ouvrit la bouteille de vin destinée à accompagner
le dîner. Tout allait bien dans le meilleur des
mondes.

Max se montra digne de sa toque. Le magret de
canard — un éventail de tranches roses déployées
sur l'assiette — était tendre et juteux : la perfection
dont j'avais souvent rêvé devant mon barbecue.
Devais-je troquer mon charbon de bois contre de
vieilles bûches et des aiguilles de pin ? Peut-être
serait-il judicieux d'investir dans une grande toque
blanche ? Et si je passais des années dans les cuisines de Guérard pour tenter d'acquérir la virtuo-
sité de Max ? Il fait toute la cuisine du *Huchet*, des
potages aux flans en passant par le quatre-quarts

servi avec le thé. Ma femme aurait voulu le ramener à la maison avec nous.

Le dîner s'acheva sur un fromage des Pyrénées suivi d'un café et du sédatif régional favori, un généreux petit verre d'armagnac. Cette liqueur au goût de caramel est un cognac au tempérament rustique. Coup de pied de mule dans un sabot de velours, elle a pour effet immédiat huit heures du sommeil de l'innocence.

Je fus réveillé par deux mouettes qui se disputaient devant notre fenêtre. Nous avions prévu de faire à pied au moins une partie du chemin conduisant à Biarritz avant de nous attaquer au brunch. Le long du sentier, la brume marine matinale enrobait les dunes de coton hydrophile et étouffait le murmure du ressac comme une chute de neige assourdit les rumeurs de la campagne. Notre ami pêcheur était déjà là, les mains sur les hanches et le bout de sa canne enfoncé dans le sable. Il fixait d'un œil intense les vagues comme si l'on pouvait par hypnose faire sortir les bars de l'eau.

Nous quittâmes la plage pour suivre un chemin serpentant entre les dunes tapissées de broussailles rases. Pas de constructions, pas de poteaux télégraphiques à l'horizon, aucun de ces signes discordants d'intervention humaine : la France (qui a la même population que la Grande-Bretagne mais trois fois sa superficie) regorge de grandes étendues de terre où la nature règne en maître.

Après une heure de marche, nous admirions toujours le même tapis vert dévalant vers les Pyrénées. Le soleil avait dissipé la brume, les muscles de nos jarrets commençaient à se faire sentir à force de piétiner dans le sable mou. Biarritz attendrait, nous avions mérité notre petit déjeuner.

Contrairement aux Anglais et aux Américains qui considèrent par tradition leur premier repas de la journée comme l'occasion de refaire leur plein de cholestérol, les Français se contentent de grignoter. Œufs, bacon, saucisses, haricots, crêpes et tartines beurrées brillent par leur absence : le Français préfère se limiter aux trois C — café, croissants et cigarette —, conscient de la nécessité d'être en forme pour le déjeuner. (Cette piètre façon de commencer la journée le met de mauvaise humeur jusqu'à midi mais, si j'en crois mon expérience, cette théorie ne s'applique qu'aux garçons de café et chauffeurs de taxi.)

Comme Martine l'avait promis, le petit déjeuner au *Huchet* était copieux : pommes au four et yaourt, œufs, plateau de jambon de Bayonne et de fromages, épaisses tranches de pain de campagne grillées, confitures des cuisines d'Eugénie. Enfin, deux paquets bien tièdes enveloppés de papier d'argent recelaient leurs trésors : le père et la mère de tous les croissants, vingt bons centimètres d'un bout à l'autre, dodus, légers gorgés de beurre. Inutile de mâcher : ils fondaient dans la bouche.

Nous relevâmes le défi et fîmes dans l'après-midi une longue promenade digestive. Ainsi s'écoulèrent nos journées au Huchet : air marin, somptueuse cuisine, farniente. Entre Eugénie et la côte, nous avions passé une semaine splendide, mémorablement dorlotés et vraiment bien nourris.

Dès notre retour à la maison, Odile appela, curieuse de savoir si elle m'avait maintenant converti à la cuisine sans matières grasses.

— Alors ? Comment était-ce ? Comment te sens-tu ?

— Je ne me suis jamais senti aussi bien, Odile. Une jeunesse de dix-huit ans. C'était merveilleux.

— As-tu perdu du poids ?

— Je ne me suis pas pesé. Je me sens détendu, l'œil vif, éclatant de santé, prêt à tout. Et nous n'avons jamais eu faim.

— Ah, tu vois ? Je te le dis tout le temps. Tu te mets à une alimentation plus raisonnable, tu supprimes le vin et, voilà, tu redeviens un homme neuf. Raconte-moi, qu'as-tu mangé ?

— Du canard, du gigot, de la pintade, du pâté, du fromage, du beurre, des œufs, un peu de foie gras, de la soupe de pommes de terre, d'énormes croissants au petit déjeuner...

Silence à l'autre bout du fil.

— ... et de très bons petits vins, un excellent armagnac. Tu devrais essayer de temps en temps. C'est fou ce que ça fait du bien.

Odile se mit à rire.

— Toujours l'humour anglais ! Non, sérieusement...

Que voulez-vous, la vérité est parfois dure à avaler.

Un estomac bien guidé

Conseils à un automobiliste en quête d'une chambre pour la nuit :

Arrêtez-vous à la porte de l'hôtel et précisez au portier de laisser vos bagages dans la voiture. Assurez-vous de discuter personnellement avec le propriétaire de l'hôtel la question des prix. Si vous les estimez raisonnables, demandez à voir les chambres avant de vous engager, car il est dans son intérêt de remplir d'abord les plus mauvaises. Si vous n'êtes pas convaincu par la célèbre phrase : « Nous n'avons

rien d'autre ! Nous sommes absolument complet ! »
retournez à votre automobile et faites semblant de
démarrer. À cet instant précis, neuf fois sur dix, se
frappant le front de la main, le patron va retrouver
comme par enchantement une excellente chambre,
libérée il y a juste une heure...

C'était l'aube d'un nouveau siècle. Paris se préparait à l'Exposition universelle, certaines automobiles aux vitesses grisantes frôlaient les quinze kilomètres à l'heure, les propriétaires d'hôtel étaient connus pour la façon spectaculaire dont ils se frappaient le front et il était recommandé au voyageur ayant le sens du confort d'inspecter sa chambre pour voir si elle n'abritait pas de punaises. Nous étions en 1900, l'année du premier guide de France Michelin, dont j'ai extrait les conseils cités plus haut.

Cette première édition, petit volume au format de poche d'un peu moins de quatre cents pages en caractères serrés, était offerte par les frères Michelin aux propriétaires de « voitures, voiturettes et vélocipèdes ». Ce cadeau des inventeurs du pneu démontable — breveté en 1891 — avait pour but d'encourager les automobilistes à user le plus de caoutchouc possible en étendant leurs déplacements à travers la France.

Les fabricants d'automobiles, aujourd'hui disparus pour la plupart, pouvaient faire de la publicité dans les pages du guide. Le biplace Rochet & Schneider « robuste, simple, confortable, élégant, silencieux » côtoyait la spacieuse Schaudel et ses quatre passagers en casquettes à visière dont le regard sévère dardait par-dessus la broussaille de leurs moustaches. Le seul annonceur ayant survécu est Peugeot ; sa spécialité, voilà cent ans, n'était pas la voiture mais la bicyclette pliante, construite conformément au « système du capitaine Gérard », un génie méconnu.

Les soixante premières pages du guide étaient consacrées aux merveilles du pneu gonflable : son confort, ses valves et ses bagues, son gonflage optimum, son entretien et sa réparation. D'autres informations techniques occupaient les cent dernières pages du volume. Au milieu, la substance du sandwich : une liste de villes, bourgs et villages énumérés dans l'ordre alphabétique, d'Abbeville à Yvetot.

Sous chaque nom était indiquée la distance de Paris — centre de l'univers — ou de la grande ville la plus proche. Était également mentionné le nombre d'habitants (en quoi diable cela pouvait-il intéresser les automobilistes ?). Et, sur chacune de ces pages à la typographie démodée apparaissaient les premiers exemples du vocabulaire visuel Michelin : un château miniature indiquait un hôtel ; une croix rouge, l'adresse d'un médecin ; une balance d'apothicaire, une pharmacie ; une minuscule enveloppe, le bureau de poste ; une locomotive, une gare — voire un losange noir pour les hôtels équipés de chambres noires pour développer vos photos.

Figuraient aussi d'autres raffinements moins artistiques. Une note dans l'avant-propos précisait au voyageur que le guide de l'année prochaine s'attaquerait à la gargouillante merveille des installations sanitaires du XXe siècle. Les hôtels disposant de salles de bains et de douches seraient cités, et chaque fois serait précisé « si les W.-C. étaient perfectionnés d'un appareil de chasse ». Ces derniers établissements bénéficieraient d'une prééminence bien méritée.

Les lecteurs de ce premier guide étaient invités à adresser leurs commentaires à Michelin. Ils ne purent manquer d'avoir été impressionnés par le trésor d'informations techniques et géographiques contenues dans ce petit ouvrage. Mais, je me le demande, combien furent-ils à poser cette question brûlante, si chère au cœur des Français, et notamment encore après une rude journée passée sur la route : « Qu'y a-t-il pour dîner ? »

Les hôtels étaient cités, mais pas les restaurants. Le guide était avant tout un manuel de survie destiné à des pionniers pilotant des engins primitifs souvent en panne. Un homme ayant des ennuis de valves et de bagues ne pouvait attacher beaucoup d'attention à un menu. Si hérétique que cette pensée paraisse, à cette époque lointaine, les garagistes comptaient plus que les chefs.

Tout changea en 1920. Les voitures étaient devenues plus fiables, les pneus démontables étaient mieux maîtrisés. Voilà qui incita les frères Michelin

à prendre trois décisions fondamentales et fort judicieuses. Dorénavant, leur guide inclurait les restaurants ; il serait vendu dans les librairies et non plus
distribué gratuitement ; il n'accepterait pas de
publicité.

Les listes de restaurants l'emportèrent rapide-
ment sur les conseils mécaniques. Chaque année,
de nouveaux restaurants venaient s'ajouter et, naturellement — comme tout en France, du calibre des
suppositoires à celui du gravier —, il fallut les clas-
ser. Un nouveau langage des signes fut requis pour
identifier les divers niveaux d'habileté culinaire.
L'automobiliste errant précisa sa question : « Qu'y
a-t-il *de bon* pour dîner ? »

Les étoiles Michelin naquirent en 1926. Ces
rosettes stylisées, appelées « macarons » par les professionnels de la profession, sont les médailles d'or
des Jeux olympiques culinaires. Chaque année elles
sont distribuées, confirmées ou supprimées. Une
étoile fait des merveilles ; elle tire de l'obscurité un
(plus rarement une) jeune chef pour lui offrir une
réputation partout où la cuisine est sujet de discussion. Perdre une étoile est une catastrophe, un
désastre professionnel, une tragédie personnelle,
une raison de se frapper le front, de s'arracher les
cheveux et d'envisager une reconversion.

J'ai toujours été déconcerté lors de ces drames
annuels — largement commentés dans toute la
France — du respect qui accueille les décisions du
guide. Il peut y avoir désapprobation à propos

d'une étoile décernée ou retirée — en France, dès que cela concerne l'estomac, l'unanimité est impossible. Mais je n'ai jamais connu personne accuser le guide de faire montre d'injustice ou de préjugés. On lui fait confiance et je trouve cela remarquable étant donné la corruption ordinaire qui règne sur les activités humaines, de la politique aux courses cyclistes.

L'une des raisons qui permet au guide de conserver sa vertu et son autorité est l'interdiction de la publicité. Le guide est exempt de tous les graffiti de marques qui polluent tout ce que nous lisons ou consommons. Des centaines d'entreprises seraient prêtes à donner n'importe quoi pour passer une annonce dans les honnêtes pages du guide : produits alimentaires, boissons, voyages, matériel de cuisine, voitures, remèdes contre l'indigestion, régimes miraculeux — la liste est longue et les possibilités très, très lucratives. Les éditeurs du guide Michelin pourraient amasser des fortunes. Il est à leur honneur d'avoir choisi de préserver leur indépendance en maintenant le guide exempt de tout message commercial.

Mais la véritable force du guide est son système d'évaluation des restaurants et le groupe mystérieux d'hommes et de femmes œuvrant à la notation. Ce sont les inspecteurs : leurs noms sont inconnus, ils ne sont jamais photographiés et leurs talents considérables ne sont connus que de quelques personnes très discrètes à la direction de Michelin.

La méthode de travail des inspecteurs est radicalement différente de la tactique généralement utilisée par les critiques gastronomiques lesquels, à une ou deux exceptions près, s'y connaissent mieux en autopromotion qu'en cuisine. La plupart d'entre eux, me semble-t-il, veulent être connus, célébrés, caressés, et estiment avoir atteint la consécration lorsque leur seul nom fait passer un frisson d'appréhension dans le dos du chef. Si les restaurants savent où est leur intérêt, il leur est vivement conseillé d'adopter un comportement en conséquence. Des serveurs, des nuées de serveurs doivent s'agiter autour d'eux. Il est quasi obligatoire de leur faire goûter les dernières trouvailles qui ne figurent pas au menu. Les chefs doivent leur rendre une petite visite à la fin du repas pour leur confier quelques secrets vite éventés dans les pages du guide. « À ma surprise, j'ai décelé dans la galantine de porc un soupçon audacieux mais brillant d'abricot truffé. »

Au contraire, l'inspecteur du Michelin aborde un restaurant le plus communément possible. Quand il réserve une table, son nom n'éveille aucun écho à la cuisine. (Même le réseau extrêmement perfectionné des chefs n'est pas encore parvenu à identifier les inspecteurs, pour des raisons sur lesquelles nous reviendrons plus tard.) Il ne demande aucune table en particulier, ne glisse aucune allusion au maître d'hôtel, ne demande pas à rencontrer le chef. Il mange, boit, règle son addition et s'en va.

Dans la salle comme aux cuisines, on n'y a vu que du feu.

Certains — parmi lesquels mon ami Régis, prince des gourmets — vous diront que manger pour gagner sa vie doit vous faire connaître le paradis sur terre. Évidemment, à première vue, faire une carrière en laissant aux meilleurs cuisiniers du monde le soin de veiller sur le contenu de votre assiette et de votre verre semble plus séduisant que le métier d'expert-comptable ou de courtier en matières premières. Mais, à y regarder de plus près, est-on assuré que les inspecteurs sautent chaque matin de leurs lits en salivant ? Ne souffrent-ils pas chroniquement de la maladie professionnelle du gourmand, la crise de foie ? Où prennent-ils leurs repas du dimanche ? Sont-il gros ? Pour en avoir le cœur net, je décidai de me rendre au quartier général des papilles gustatives, les locaux de Michelin à Paris.

Les bureaux sont situés sur la large avenue de Breteuil, toute plantée d'arbres, à dix minutes à pied de mon magasin d'alimentation préféré, la Grande Épicerie du Bon Marché. Un peu en retrait de l'avenue, l'immeuble Michelin est fonctionnel et quelconque. J'avais rendez-vous avec M. Arnaud, dont un des fardeaux dans l'existence est d'avoir affaire à des curieux comme moi.

Cheveux bruns, air distingué de diplomate, il m'accueillit à la réception et me fit traverser un labyrinthe de couloirs jusqu'à un petit bureau aux

murs tapissés de livres. Il m'offrit une tasse de café
à réveiller un mort avant de me demander ce qu'il
pouvait faire pour moi.

— Je suis fasciné par votre équipe d'inspecteurs.

Il acquiesça aimablement de la tête. J'eus le sentiment qu'il avait déjà entendu cela.

— Je souhaiterais, si c'était possible, déjeuner
avec l'un d'eux, repris-je en toute innocence.

Arnaud haussa les sourcils. Ses lèvres se froncè-
rent.

— Malheureusement, cela serait très difficile, je
le crains.

— Et pour dîner ?

Il sourit en secouant la tête. Inutile de suggérer
un petit déjeuner.

— Comme vous le savez, nos inspecteurs doivent
garder l'anonymat pour faire convenablement leur
travail.

Je lui affirmai n'avoir aucune envie de démasquer
un inspecteur, mais Arnaud demeura inflexible :
poli, amical, compréhensif, mais inflexible. C'était
impossible.

Je compris ainsi que, pour Michelin, inspecter un
restaurant n'est pas une distraction occasionnelle
d'individus au palais raffiné ; c'est une longue carrière de salarié à plein temps. Les inspecteurs ont
généralement huit à dix ans d'expérience de travail
dans l'hôtellerie ou la restauration — une « éducation de base » comme l'appelait Arnaud — avant
d'entrer chez Michelin. Et ce n'est qu'après une

période d'entraînement de deux ans que les meilleurs partiront sur les routes pour manger sérieusement.

Et quand les inspecteurs sont lancés sur les routes, ce n'est pas de tout repos : deux repas par jour, week-end compris, et jamais dans le même restaurant, si bien qu'un dîner deux étoiles peut succéder à un déjeuner dans un bistrot. En deux semaines, ils goûtent une trentaine de cuisines puis reviennent à Paris rédiger leur rapport. Pour préserver leur anonymat, ils changent constamment de région, parcourent une trentaine de milliers de kilomètres par an. En une année, chaque restaurant étoilé sera successivement visité et critiqué par cinq ou six inspecteurs. Étourdi par ce déluge d'informations, je demandai naïvement :

— Combien y a-t-il d'inspecteurs ?

Nouveau sourire énigmatique. Je m'aventurais donc en territoire interdit.

— Un certain nombre, répondit Arnaud. Assez pour faire le travail.

— Quelle doit être la qualité principale d'un inspecteur ?

— La discrétion, aussi bien dans ses manières que dans son aspect physique. Nous ne voulons personne de flamboyant ni de trop remarquable. Nous recherchons M. Tout-le-Monde.

Voilà Régis éliminé, me dis-je. La dernière fois, je l'avais vu tourbillonner dans le village avec une cape tyrolienne qui lui arrivait à mi-mollet, des chaussures de basket, un borsalino à large bord, des torrents de fumée s'échappaient de son cigare.

— Bien entendu, poursuivit Arnaud, les inspecteurs doivent être en parfait état physique. Ils doivent posséder un sens du goût exceptionnel afin de débusquer un chef qui aurait pris des raccourcis ou, pis encore, reprit Arnaud d'un air grave, qui aurait triché. (Il marqua un temps afin de bien nous pénétrer de cette horreur.) Des plats déguisés. De la morue se faisant passer pour un autre poisson sous le couvert d'une sauce exubérante. Un mouton malencontreusement appelé agneau. Ces choses-là arrivent. Notre homme doit être aux aguets, capable de déceler le subterfuge sans avoir à interroger le chef. Bref, un métier très pointu et très discret.

La discrétion était un thème récurrent. Arnaud lui-même était muet comme une carpe sur certains sujets. Il se montra un peu plus loquace quand je le questionnai sur les inspectrices.

— Elles remarquent souvent des détails qui échappent aux hommes, expliqua-t-il. Tenez, l'autre jour je suis allé déjeuner dans un restaurant à étoiles avec une collègue inspectrice. Tout me semblait parfait, mais elle me fit remarquer un serveur aux ongles « pas tout à fait comme il faut ». Le crime n'était pas épouvantable ; pas de quoi perdre une étoile, mais un mauvais point à faire figurer sur la liste de vérifications de l'inspecteur suivant.

Inutile, je le savais, de demander si les inspecteurs parlaient de leur travail à leurs amis. Sans doute ne pouvaient-ils pas avouer la vérité. Bénéficiaient-ils d'une couverture, un bureau fantôme tenu par une secrétaire versée dans les arts de l'espionnage ? Les maris et les femmes des inspecteurs savaient-ils ? Que racontaient-ils, eux, à leurs amis ? Comment les inspecteurs décrivaient-ils leur profession dans les innombrables formulaires qu'on vous demande de remplir à tout propos en France ? Plus j'y pensais, plus leur vie ressemblait à celle qu'imposait le programme de protection des témoins. Mais avec une meilleure cuisine.

Je repartis déniaisé de l'immeuble Michelin : jamais je n'aurais la joie de gagner ma vie en mangeant. Je me consolai en me disant que ce métier n'était pas fait pour moi : quel cauchemar que de vivre dans une perpétuelle retenue ! Imaginez notre ami M. Tout-le-Monde chaque jour confronté à un océan de tentations : cuisine exquise, carte des vins de cinquante pages bourrée de trésors enveloppés de toiles d'araignée, service plein d'attentions, cadre confortable et pas de rendez-vous urgent ; bref au summum de ce que la civilisation peut offrir en matière de collation. Et qu'exige de lui le devoir ? De la retenue. De la concentration. Il doit prendre mentalement des notes, inspecter les ongles du serveur, avoir l'œil aux plats déguisés. Il doit travailler. C'est pourquoi je dis ici toute ma reconnaissance à ceux qui ont longuement peiné pour nous offrir la bible de l'estomac.

Même quand j'étais dans la publicité, à la belle époque où la devise était « Déjeunons donc ensemble ! » et où la route du succès était jalonnée de menus gastronomiques, je ne me suis jamais accommodé du « déjeuner d'affaires ». Pour moi, affaires et déjeuner sont deux activités que l'on ne pourra jamais faire coexister — même sous la menace. Le déjeuner est — ou devrait être — un plaisir. Le vin doit couler dans les verres et ne jamais tarir ; les efforts du chef doivent bénéficier de l'attention méritée. Comment pleinement profiter de ces instants en discutant ventes, plans de distribution et taux d'intérêts ? C'est tout à fait contraire à la nature.

Il existe naturellement bien d'autres guides gastronomiques en dehors du Michelin. Certains sont bons, d'autres sont bricolés par des amateurs enthousiastes et d'autres encore ne sont qu'un support publicitaire pour des marques d'alcool. Aucun d'eux ne peut rivaliser avec la formule du Michelin qui allie l'impartialité à l'exhaustivité et au souci professionnel du détail. (Les plans de ville du guide de 1939 étaient si précis qu'ils furent utilisés par les forces alliées en 1944 lors de la Libération.)

Pour une fois, il ne s'agit pas seulement de mon opinion hautement subjective. Les chiffres sont de mon côté. Le guide Michelin 2000 a été tiré à 880 000 exemplaires, tous numérotés. Ce fut un best-seller immédiat. Au moment où j'écris ces lignes, j'ai devant moi mon exemplaire, numéro

304 479. C'est un volume de couleur gaie, d'une rondeur rassurante auprès duquel son ancêtre de 1900 a l'air anorexique. Ces 1 700 pages énumèrent plus de 5 000 hôtels et de 4 000 restaurants. Et cette année, Michelin a innové : pour la première fois en cent ans, les icônes de chaque établissement sont enrichies d'un court texte descriptif. Il a certainement fallu des mois, peut-être des années de judicieuses méditations au quartier général de la papille gustative avant de prendre une telle décision. On ne modifie pas à la légère une institution de la sorte.

Le guide n'a qu'un seul inconvénient : les retombées de l'étoile. Lorsque cet honneur est attribué, ses conséquences sur le comportement du chef sont invariables : dans la brume joyeuse des bulles de champagne de la célébration, le propriétaire qui promène un regard attendri sur son restaurant s'aperçoit qu'il y a... quelque chose qui cloche. Et c'est, il finit par le comprendre, l'aspect des lieux : l'ameublement, les accessoires, le style général de la salle. Ils ne conviennent plus. Ils sont trop... trop ordinaires pour un établissement promu aux sommets de la gastronomie. La haute cuisine mérite un décor plus approprié. À cela, une seule solution : appeler le décorateur.

Les vieilles chaises sont remplacées par des trônes à hauts dossiers recouverts d'une épaisse et somptueuse tapisserie, plus chère au mètre carré que le foie gras. Ces assiettes et ces verres si pra-

tiques, ces couteaux et ces fourchettes quel-
conques, eux aussi disparaissent, on leur préfère
désormais du limoges ou du baccarat, et une argenterie digne du palais de l'Élysée. Les nappes de fine
batiste, les carafes de cristal à bouchons argentés,
les grands dômes étincelants pour couvrir les
assiettes pleines, font leur apparition. Enfin, le personnel se voit remettre de nouvelles tenues, élégantes et le plus souvent noires.

Rien à redire à un petit lifting. Mais souvent,
hélas, le restaurant en perd son âme. La notoriété
engendre le respect et l'établissement, jadis confortable et bon enfant, devient, pour utiliser cette
redoutable formule désormais galvaudée, un temple
de la gastronomie. Un lieu de pèlerinage. Pis encore,
l'investissement imposé par les sièges majestueux, les
dômes et les carafes se répercute sur l'humeur du
chef et le portefeuille des clients.

J'ai récemment eu l'occasion de m'entretenir
avec un chef provençal dont la cuisine est délicieuse et le restaurant confortable.

Bien sûr, il serait enchanté de recevoir une étoile.
Pour un chef, cette distinction du Michelin a de
quoi faire rêver.

— Mais il faudrait procéder à certaines améliora-
tions, dit-il en examinant la salle où j'avais passé
bien des heures à me régaler — une salle sympa-
thique où l'on se sent chez soi.

— Pourquoi changer quoi que ce soit ? dis-je.

— Les clients s'y attendent, dit-il en haussant les épaules. Que puis-je y faire ?

Tout s'éclaira. Ce n'était ni un ukase du Michelin ni une vanité du chef. Tous ces efforts de décor et de présentation étaient destinés à satisfaire un besoin profondément ancré dans la psychologie française : le goût de l'apparat et l'amour du luxe. Qui sait comment cela a commencé ? Peut-être la mode a-t-elle été lancée par les courtisans de Versailles qui rivalisaient à grand renfort de culottes de velours, gants parfumés, perruques tricotées main et autres raffinements ostentatoires. Cette émulation gagna par la suite les membres prospères de la bourgeoisie, ces gens qui aujourd'hui achètent des cuisinières La Cornue et des paniers de pique-nique Hermès. Ils ont les moyens et l'habitude de dîner fréquemment dehors ; ce sont eux qui font la renommée et le chiffre d'affaire des restaurants.

Mon ami le chef m'expliqua que jamais ces grands bourgeois ne se plaindront d'un excès de capitonnage, d'une surabondance de cristal, d'une profusion de serveurs. Assurément, c'est pour la cuisine qu'ils se déplacent, mais le faste ajoute à leur plaisir. Sans ce luxe, de toute évidence, les clients sont déçus, pis encore, les plus susceptibles ont l'affreuse impression de payer une addition digne d'un palace pour un repas dans un vieux bistrot.

Artiste, sergent-major et diplomate, les grands chefs doivent conjuguer tous ces talents. Ils ne peuvent pas se permettre d'avoir des jours sans, car il y aura toujours quelqu'un — peut-être un inspecteur du Michelin — aux aguets. Le doyen des trois étoiles en France, Paul Bocuse, a conservé depuis 1965 ses trois astres. Trente-cinq ans sans un faux pas. Voilà une résistance qui mérite une médaille.

En feuilletant les pages de l'édition 2000, on trouve 116 établissements déjà recommandés dans la première édition du guide voilà cent ans ! Parmi ces monuments se trouve l'*Hôtel de l'Europe*, en Avignon, pas loin de chez nous ; j'ai pensé qu'il serait intéressant d'aller percer le secret de sa jouvence.

En toute franchise, l'hôtel n'avait pas attendu les frères Michelin pour connaître le succès. Bâti au XVIᵉ siècle, il fut acheté par une veuve, Mme Pierron, qui, en 1799, décida d'ouvrir ses portes aux voyageurs. Tous les personnages importants descendirent à l'hôtel : cardinaux et archevêques, princes et hommes d'État ; même Napoléon y avait séjourné. L'histoire ne précise pas si Joséphine l'avait accompagné, mais l'Empereur garda un bon souvenir de l'établissement. En pleine campagne de Russie, entouré d'officiers déplorant les inconforts de la guerre, il se montra peu compatissant : « Sacrebleu ! Nous ne sommes pas à l'hôtel de Mme Pierron. » L'Empereur n'aurait aucun mal à le reconnaître aujourd'hui. Il est situé sur une des plus jolies places d'Avignon, la place Crillon, contre les remparts qui protègent depuis six cents ans le centre de la ville. L'architecture classique de l'endroit a survécu, la rue est toujours pavée et la belle façade de l'hôtel est restée simple, sans aucune des balafres de néon qui défigurent tant de vieux bâtiments.

Après avoir franchi une entrée assez large et haute pour permettre le passage d'une voiture et de son attelage, nous pénétrâmes dans une vaste cour pavée. Il y avait là des arbres, des fleurs, une fontaine et un directeur souriant. Je compris pourquoi Napoléon se plut ici. Il aurait aussi sans doute aimé notre chambre, et sa vue sur les toits de tuiles s'étendant jusqu'au palais des Papes. Et il aurait, à n'en pas douter, apprécié la cuisine.

Nous eûmes un long dîner, encore allongé par la générosité du chef. Celui-ci a une étoile au Michelin et il s'efforce d'en décrocher une seconde avec un enthousiasme qui se répand dans nos assiettes. Nous avions commandé trois plats ; nous finîmes par en goûter six — et seulement goûter car les trois surprises, parfaitement étudiées, offraient juste de quoi aiguiser le palais sans émousser l'appétit. C'était presque comme si nous avions eu le privilège d'être invités en cuisine. Les heures passèrent, le restaurant était presque vide, à l'exception de nos invisibles compagnons, les fantômes d'anciens convives : le grand-duc Vladimir de Russie, Charles Dickens, John Stuart Mill, Robert Browning et Elizabeth Barrett lors de leur fugue, Chateaubriand, le futur roi Edouard VII — et, dissimulés à l'arrière-plan, mais gardant un œil vigilant sur les ongles du serveur et les sauces du chef —, plusieurs générations d'inspecteurs du Michelin.

Cette exquise soirée fut l'épilogue de la période détendue, extrêmement agréable et riche en découvertes gastronomiques que j'ose appeler « phase de documentation ». Un toast me parut s'imposer.

Nous bûmes aux chefs, notamment aux chefs français. Puis nous levâmes nos verres en l'honneur du héros méconnu de la table, gardien de l'estomac du pays, quêteur infatigable de l'immortalité gastronomique : M. Tout-le-Monde, inspecteur du Michelin. Nous espérons qu'il veillera sur nos assiettes au moins cent ans encore.

En guise de dessert

Les descriptions ont leurs limites, rien ne remplace l'expérience véritable. Et, pour ceux d'entre vous qui voudraient voir par eux-mêmes certains des restaurants, des lieux et des événements que j'ai évoqués, voici quelques précisions. Je ne peux malheureusement pas donner les dates précises des foires et des festivals car elles changent d'un jour ou deux chaque année, mais j'ai mentionné les adresses. En utilisant le téléphone ou le fax (dans son ensemble, la France rurale ignore l'e-mail) vous saurez tout. Les organisateurs de ces manifestations ne demandent qu'à accueillir un vaste public et j'ai constaté qu'on a toujours répondu avec promptitude et précision à mes demandes de renseignement. Bonne chance donc ! J'espère que vous vous amuserez autant que moi.

À la découverte des Français
Marius et Janette, 4, avenue George-V, 75008 Paris. Tél. : 01.47.23.41.88. Fax : 01.47.23.07.19. Une étoile dans le Michelin. Spécialités : loup grillé, turbot à l'aïoli.

L'Isle sonnante, 7, rue Racine, 84000 Avignon. Tél. : 04.90.82.56.01. Une étoile dans le Michelin.

Spécialités : filet de lapin à la purée d'olive, gibier et champignons sauvages en saison.

La Fontaine, place de la Fontaine, 84760 Saint-Martin-de-la-Brasque. Tél. : 04.90.07.72.16.

Bénédicité

La messe des Truffes est célébrée un dimanche de la seconde moitié de janvier. Contacter la mairie, 84600 Richerenches. Tél. : 04.90.28.02.00. (La ville la plus proche est Orange.)

Les amateurs de cuisses de Vittel

La foire aux Grenouilles a lieu à la fin du mois d'avril. Contacter l'office du tourisme, 88800 Vittel, pour la date exacte et la liste des hôtels. Tél. : 03.29.08.08.88.

Aristocrates aux pieds bleus

Les Glorieuses se tiennent généralement durant le dernier week-end avant Noël. Contacter l'office du tourisme, B.P. 190, avenue d'Alsace-Lorraine, 01000 Bourg-en-Bresse. Tél. : 04.74.22.27.76.

L'Auberge bressane, 166, boulevard de Brou, 01000 Bourg-en-Bresse. Tél. : 04.74.22.22.68. Fax : 04.74.23.03.15. Spécialité : poulet de Bresse.

L'amour les yeux fermés

La foire aux Fromages a lieu à Livarot durant un week-end au début du mois d'août. Contacter l'office du tourisme de Livarot, 1, place G.-Bisson,

14140 Livarot. Tél. : 02.31.63.47.39. (La grande ville la plus proche est Lisieux.)

L'estomac dans les talons

La foire aux Escargots se tient durant le deuxième week-end de mai. Contacter le comité d'animation, à la mairie, 88320 Martigny-les-Bains. Tél. : 03.29.09.71.13. (Les grandes villes les plus proches sont Contrexéville et Vittel.)

Déjeuner déshabillé

Le Club 55, plage de Pampelonne, 83350 Rama-tuelle. Tél. : 04.94.55.55.55. Fax : 04.94.79.85.00. Déjeuner seulement. Le maillot de bain n'est pas de rigueur.

Un marathon pour connaisseurs

Le marathon du Médoc a lieu à la mi-septembre. Contacter C.R.D. Tourisme d'Aquitaine, Bureau de la Cité mondiale, 23, parvis des Chartrons, 33074 Bordeaux Cedex. Tél. : 05.56.01.70.00. Fax : 05.56.01.70.07.

Envol de bouchons en Bourgogne

Les Trois Glorieuses ont habituellement lieu durant le troisième week-end de novembre et la vente aux enchères le dimanche. Contacter C.R.D. Tourisme, Conseil régional de Bourgogne, B.P. 1602, 21035 Dijon Cedex. Fax : 03.80.28.03.00.

En guise de dessert

Une purge civilisée
Les Prés d'Eugénie, 334, rue René-Vielle, 40320 Eugénie-les-Bains. Tél. : 05.58.05.06.07. Fax : 05.58.51.10.10. (aussi bien pour l'hôtel que pour le *Domaine de Huchet.*)

Un estomac bien guidé
Hôtel de l'Europe, 12, place Crillon, 84000 Avignon. Tél. : 04.90.14.76.76. Fax : 04.90.14.76.71.

Table

Hors-d'œuvre 9
À la découverte des Français 11
Bénédicité 30
Les amateurs de cuisses de Vittel 50
Aristocrates aux pieds bleus 74
L'amour les yeux fermés 97
L'estomac dans les talons 119
Déjeuner déshabillé 140
Un marathon pour connaisseurs 158
Envol de bouchons en Bourgogne 180
Rendez-vous dans un champ boueux 202
Une purge civilisée 207
Un estomac bien guidé 231
En guise de dessert 250

La photocomposition de cet ouvrage
a été réalisée par
Graphic Hainaut
59163 Condé-sur-l'Escaut

Achevé
Dépôt légal : mars 2002